Vicomte de GUICHEN

LAURÉAT DE L'INSTITUT
PREMIER SECRÉTAIRE D'AMBASSADE HONORAIRE
MEMBRE DE LA SOCIÉTÉ D'ÉCONOMIE POLITIQUE
ET DE LA SOCIÉTÉ DES GENS DE LETTRES

DU RHIN A LA VISTULE

QUESTIONS D'HISTOIRE DIPLOMATIQUE CONTEMPORAINE

PARIS
ÉDITIONS V. ATTINGER
3o, Boulevard St-Michel, 3o

1923
Tous droits de reproduction et de traduction
réservés pour tous pays

DU RHIN
A LA VISTULE

QUESTIONS D'HISTOIRE DIPLOMATIQUE
CONTEMPORAINE

Œuvres du même Auteur

1° OUVRAGES

Pierre le Grand et le premier traité franco-russe (1682-1717). Préface du baron de COURCEL, membre de l'Institut. Un volume in-8 de 300 pages, emprunté aux Archives françaises et russes (Librairie Perrin).　　5 francs

Le duc d'Angoulême (1775-1844). Un volume in-8 de 400 pages, emprunté aux Archives françaises, anglaises, russes et aux Archives privées. 3e édition (Librairie Emile Paul)..........................　　5 francs

La France morale et religieuse au début de la Restauration. Un fort volume in-12 de 300 pages, emprunté aux Archives françaises, anglaises et aux Archives privées. Ouvrage couronné par l'Académie des Sciences Morales et Politiques. 2e édition (Librairie Emile Paul)......　　5 francs

La France morale et religieuse à la fin de la Restauration. Un fort volume in-12 de 352 pages, emprunté aux Archives françaises, anglaises et aux Archives privées. Ouvrage couronné par l'Académie des Sciences Morales et Politiques. 2e édition (Librairie Emile Paul)......　　5 francs

La Révolution de juillet 1830 et l'Europe. Un fort volume in-8 de 600 pages, emprunté aux Archives de l'Europe entière. Ouvrage couronné par l'Académie des Sciences Morales et Politiques (Premier prix d'Histoire diplomatique). 2e édition (Librairie Emile Paul)..............　　15 francs

La Crise d'Orient de 1839 à 1841 et l'Europe. Un fort volume in-8 de 600 pages, emprunté aux Archives de l'Europe entière. (Ouvrage couronné par l'Académie des Sciences Morales et Politiques (Librairie Emile Paul).

　　30 francs

Cet ouvrage a été également signalé en octobre 1922, par la Commission spéciale, désignée par le Comité France-Amérique, et présidée par M. Gabriel Hanotaux, comme l'un des plus marquants dans le domaine historique.

2° BROCHURES

La question de Bavière pendant et après la guerre mondiale. Une brochure in-8 de 42 pages (Librairie Emile Paul), 1922..........　　2 francs

Communications faites à l'*Académie des Sciences Morales et Politiques,* empruntées aux Archives de l'Europe entière.

Le Problème de l'Europe centrale envisagé dans le passé et pendant la guerre actuelle (7 octobre 1916). Une brochure de 28 pages (Imprimerie Aubert).

Les Relations politiques russo-allemandes du XIXe au XXe siècle (9 mars 1918). Une brochure de 39 pages (Imprimerie Bussière).

Les Relations commerciales russo-allemandes du XIXe au XXe siècle et le Problème agricole allemand (7 décembre 1918). Une brochure de 28 pages (Imprimerie Bussière).

La Pologne au point de vue diplomatique et économique dans le passé et le présent (24 janvier 1920). Une brochure de 32 pages (Imprimerie Bussière).

L'Évolution de la politique russe du XIXe au XXe siècle (19 mars 1921). Une brochure de 20 pages (Imprimerie Bussière).

L'Évolution de la politique allemande du XVIIIe siècle à 1870 (14 et 21 avril 1923).

Communications faites à la *Société d'Économie Politique,* empruntées à plusieurs Archives d'Europe.

Le Problème agricole allemand (5 octobre 1917). Une brochure de 30 pages (Imprimerie Bussière).

Le Problème agricole allemand pendant et après la guerre (5 novembre 1919). Une brochure de 31 pages (Imprimerie Bussière).

Quelques aspects de la situation économique et agricole de l'Allemagne (4 novembre 1922). Une brochure de 28 pages (Imprimerie Bussière).

Vicomte de GUICHEN

LAURÉAT DE L'INSTITUT
PREMIER SECRÉTAIRE D'AMBASSADE HONORAIRE
MEMBRE DE LA SOCIÉTÉ D'ÉCONOMIE POLITIQUE
ET DE LA SOCIÉTÉ DES GENS DE LETTRES

DU RHIN
A LA VISTULE

QUESTIONS D'HISTOIRE DIPLOMATIQUE CONTEMPORAINE

PARIS
ÉDITIONS V. ATTINGER
3o, Boulevard St-Michel, 3o

1923

A MA BELLE-SŒUR,

Madame la Comtesse Georges de GUICHEN

en souvenir de ses deux fils
tombés héroïquement au champ d'honneur,
et de leur père,
qui a été, lui aussi, peu après, une victime
de la Grande Guerre.

PRÉFACE

D'éminentes personnalités nous ont conseillé
de réunir en un volume les sept lectures que
nous avons eu l'honneur de faire de 1916 à
1923 à l'*Académie des Sciences Morales et
Politiques*. Tel est l'objet de cet ouvrage. Nous
n'avons pas cru devoir y joindre les trois communications que nous présentâmes les 5 octobre 1917, 5 novembre 1919 et 4 novembre 1922,
à la *Société d'Economie Politique sur le Problème agricole allemand, le Problème agricole allemand pendant et après la guerre* et
*Quelques aspects de la situation Economique
et Agricole de l'Allemagne*, car celles-ci, bien
que, formant au point de vue économique, le
complément de nos lectures à l'Institut, ont
paru au *Journal des Economistes* et à l'*Econo-
miste Français* (1) où on pourra les consulter.

(1) Octobre 1917 — Novembre 1919 et 1922.

Lorsque, pour la première fois, en octobre 1916, nous prîmes la parole à l'*Académie des Sciences Morales*, nous avions, en pleine guerre, insisté sur l'absolue nécessité du fédéralisme en Allemagne, si l'on voulait vraiment assurer une paix durable. Nous nous étions reporté aux ouvrages, méconnus alors en France, de Constantin Frantz qui, dans ses publications prophétiques, ne cessait de dénoncer le danger pour le repos de l'Europe de la politique de Bismarck. Nous avions invoqué aussi le témoignage du professeur Fœrster, dont la campagne en faveur du fédéralisme a eu un retentissement mondial. Les récents traités ont hélas ! fortifié l'œuvre de Bismarck et le monde est retombé dans l'angoisse.

La « *Menschheit* », ce courageux organe d'Esslingen, citait il y a quelques mois, ces paroles de Julius Fröbel, en 1860, que devraient bien mettre en pratique les socialistes et les membres des autres partis qui tiennent, en ce moment, le gouvernail à Berlin : « Dans le sens « raisonnable du mot, la démocratie est en « opposition avec le centralisme bureaucra- « tique. Elle est, au contraire, synonyme du « système fédératif pratiqué de haut en bas. « Une démocratie centraliste est, en elle-même,

« une contradiction. Seul, un état fédératif
« permet une communauté de vie des divers
« éléments qui le composent. C'est pourquoi,
« il lui est possible de s'étendre presque sans
« limites.

« Dans ce système peut trouver place une
« libre adaptation réciproque, car le pouvoir
« central n'exerce que la défense de l'ensemble
« du corps politique à l'extérieur ; tout le reste
« est laissé à l'administration des diverses
« parties ».

« *Le centralisme est la malédiction de l'Al-*
lemagne et tant qu'il subsistera, aucune
amélioration ne se produira ».

Dans nos deux « lectures » sur les *Rela-*
tions politiques et commerciales Russo-Alle-
mandes du XIXe *au* XXe *siècle,* nous avons
souligné l'importance extrême des rapports
Russo-Allemands dans le passé, en les éclai-
rant de documents étrangers qui prouvaient à
quel point les souvenirs de 1815 et de l'époque
Napoléonienne avaient soudé Saint-Pétersbourg à Berlin. En 1870, l'Europe presque entière et la Russie, en particulier, ont assisté
impassibles à la défaite de la France, car elles
la considéraient comme la revanche de la
lutte terrible qu'elles avaient eue à soutenir

55 ans auparavant contre Napoléon — et tous leurs vœux appelaient le succès de la Prusse.

C'est ce que Napoléon III ne comprit pas lorsqu'avec une inconcevable imprudence, il ne cessait de flatter la Prusse et de l'inciter à s'agrandir aux dépens des Etats secondaires.

La victoire Prussienne, il y a 53 ans, marquait aussi le complet asservissement de la Pologne. Dans notre étude sur ce pays et dans celle que nous avons consacrée à l'*Evolution de la Politique Russe depuis cent ans,* nous nous sommes efforcé de montrer combien cette question Polonaise rapprochait aussi Saint-Pétersbourg et Berlin et les services qu'au point de vue agricole et alimentaire la Pologne a toujours rendus à la Prusse, — dont le sol, plus ou moins ingrat, surtout à l'Est de l'Elbe, est incapable de nourrir une population croissante. Pendant la guerre mondiale, la Prusse n'aurait pu soutenir la lutte longtemps sans le secours agraire de la province de Posen. Nous avons saisi cette occasion pour exposer l'importance vitale pour la Prusse du problème agricole qui lui cause, maintenant comme avant la guerre, de cuisants soucis.

Les rapports politiques si intimes, depuis 150 ans, entre la Russie et l'Allemagne, les voyages en Russie de milliers de commerçants allemands, tout cet ensemble de relations incessantes avaient permis aux Allemands mieux qu'à tout autre peuple de se rendre compte des faiblesses de la Russie, façade gigantesque qui cachait des lézardes effrayantes. Les documents allemands que nous avons retrouvés dénotent à cet égard la perspicacité de l'Allemagne. Mais les dépêches de Bismarck, pendant son ambassade à Pétersbourg, sont particulièrement lumineuses. Il dénonce la corruption politique et administrative; il en entrevoit pour l'Empire des tsars les plus grands périls.

Il écrit le 5 novembre 1861 : « Lorsque le sentiment de la justice et de l'honneur personnel fait aussi totalement défaut que dans l'administration et la justice russes, les maux qui en résultent serviront longtemps encore d'excuse à des bouleversements dans l'Etat. La conviction que la situation intérieure doit être autre qu'elle n'est, se fera jour sous chaque forme de constitution, que se donnera la Russie, aussi longtemps qu'elle ne réussira pas à établir un statut administratif et judiciaire plus honorable. Dans un avenir rapproché, on peut prévoir que les difficultés in-

térieures, au premier chef financières, détour-
neront le présent Cabinet, plus encore que
par le passé, de toute participation à la politique Européenne (1). » C'était là un tableau
fort exact de la Russie. Il explique la réserve
de ce grand Empire dans les complications
Européennes, sa crainte d'un conflit, son
effrondrement pendant la guerre Russo Japonaise et pendant la guerre mondiale — à la
faveur de l'action allemande. Seul, le fédéralisme pourra, dans l'avenir, sauver la Russie.
Une Allemagne fédéralisée, une Russie fédéralisée, tel doit être le programme de demain, et
il ne saurait y en avoir d'autre si l'on veut
enfin, après tant de secousses et de bouleversements, rétablir l'ordre et donner aux peuples
la sécurité du lendemain. Une expérience de
17 ans de séjour à l'étranger, les conversations si fréquentes que nous eûmes en Europe,
dans ces dernières années, avec des hommes
qui jouaient un rôle dans les affaires de leurs
pays respectifs, nous permettent de soutenir
hardiment cette thèse.

Enfin, nous avons, cette année même, tracé

(1) Die Politischen Berichte des Fürsten Bismarck
aus Pétersbourg und Paris, von L. Raschdau.

devant l'Académie des Sciences Morales un tableau de la situation extérieure de l'Allemagne du XVIIIe siècle à 1870. Il est triste pour un Français d'écrire une pareille page. Jamais la Prusse (nous disons à dessein la Prusse et non l'Allemagne) n'a vraiment nourri à l'égard de la France une véritable sympathie, alors que nous la couvrions d'éloges sous presque tous les régimes qui se sont succédé. La Prusse suivait sa politique avec une netteté et une précision de vues inflexibles. Ce fut l'erreur fondamentale de la France de ne pas le comprendre. Aussi nos déceptions ont-elles été cruelles !

Pour l'élaboration de ces *lectures*, nous nous sommes livré encore à des recherches dans l'Europe entière. Nous avons consulté les dépôts et les bibliothèques de Bruxelles, Londres, Munich, Turin, Vienne et ceux des Affaires Etrangères à Paris. On trouvera aussi, dans le cours de ces lectures, plusieurs documents recueillis avant la guerre dans les archives de Saint-Pétersbourg et de Berlin. Nous adressons à tous les archivistes étrangers et français, qui ont secondé nos efforts, notre profonde gratitude. Ces fragments représentent donc de très longues et difficiles recherches, malgré la brièveté de chacun d'entre eux, la durée de ces lectures ne pouvant guère dépasser 40 à 45 minutes au maximum. Les encouragements qui nous ont été prodigués par tant de membres de l'*Académie des Sciences Morales* ont été pour nous un précieux réconfort et nous tenons à ce qu'ils veuillent bien trouver ici notre respectueux remerciement.

Nous terminons cet ouvrage en y insérant les pages que nous fîmes mettre en plaquette, en février 1922, sur la *Question de Bavière pendant et après la guerre mondiale* et qui nous ont semblé indispensables à mentionner après le chapitre relatif à la politique allemande.

Au lendemain de la guerre mondiale, la France pouvait faire, en Bavière et dans l'Allemagne du Sud, ce qu'elle voulait et y créer une confédération opposée à la Prusse. En Bavière, on nous appelait, on comptait sur nous, on s'attendait de notre part à des propositions d'extension de territoire auxquelles aspirait le second Etat de l'Allemagne. Tous ces espoirs se sont évanouis.

Depuis lors, sous l'influence des pangermanistes, des industriels et d'autres facteurs actifs, la Bavière est devenue la citadelle du nationalisme. La haine de la France, dans certains milieux est plus forte peut-être qu'en Prusse, mais dans d'autres — tout aussi importants et qui représentent la majorité de la nation — on voudrait restaurer les Wittelsbach et rétablir la monarchie qui ne serait pas une amie de Berlin. Malgré le joug écrasant qui pèse sur elle, la presse Bavaroise fait entendre chaque jour des plaintes amères contre Berlin, contre l'unification du *Reich*, contre les inconvénients qui en résultent dans tous les domaines. La Bavière vise au fédéralisme le plus large. Elle invoque le passé, la tradition, elle revendique ses droits confessionnels que Berlin cherche à léser, car il faut le dire, la rivalité confessionnelle entre Berlin et Munich est âpre et continuelle.

Quand donc la France aura-t-elle une politique Sud Allemande? Sous l'ancien régime, cette politique avait été l'un de nos plus précieux atouts. Sachons ne pas l'oublier.

Nous ne méconnaissons pas les énormes difficultés de la diplomatie, mais s'il n'y avait pas de difficultés, la diplomatie serait inutile. C'est sa mission essentielle de les examiner et de les résoudre.

1er août 1923.

LE
PROBLÈME DE L'EUROPE CENTRALE

envisagé dans son passé
et pendant la guerre actuelle

(7 octobre 1916.)

Mon premier mot, Messieurs, sera pour vous remercier de l'honneur que vous me faites, en m'appelant aujourd'hui à prendre la parole dans cette haute assemblée. Je le dois à votre bienveillance ; je le dois aussi à ces quinze années passées en Europe, soit dans le cours de ma carrière diplomatique, soit, après l'avoir quittée, pour me livrer à des travaux particuliers et qui m'ont permis de m'entretenir avec tant de personnalités, d'entendre formuler tant de jugements, de recueillir tant de documents.

Déférant au désir que vous avez bien voulu m'exprimer, cette lecture aura pour objet l'une des questions les plus importantes de l'heure présente : *Le problème de l'Europe centrale envisagé dans le passé et pendant la guerre actuelle.*

Pour un tel sujet, le champ est des plus vastes et comporterait de longs développements. Je me bornerai à en esquisser les traits essentiels.

En 1719, au lendemain du traité de Passarovitz qui donnait la Serbie septentrionale à l'Empire, l'empereur Charles VI avait réuni un conseil intime de la Couronne et, après avoir longuement exposé ses plans sur les Balkans, il disait en terminant : « Nous devons faire de Belgrade la forteresse du germanisme et du catholicisme. »

Quand on examine, à la lumière de l'Histoire, les événements qui se sont déroulés depuis quelques années, ne se croirait-on pas revenu à l'an 1719 ?

Dès cette époque, dans chaque grande circonstance, l'Empire d'Autriche révèle ses visées balkaniques. Lors du fameux *projet grec* de Catherine II et des pourparlers qui eurent lieu, à cette occasion, entre Joseph II et l'impératrice de Russie, l'Empire se voit encore attribuer la Serbie, la Bosnie et l'Herzégovine. Au cours des négociations de Tilsit, en 1807, la Prusse propose aux empereurs Napoléon et Alexandre de donner à l'Autriche la Bosnie et la Serbie. A la veille de la paix d'Andrinople, Metternich soumettait au tsar Nicolas Ier un projet de partage de la Turquie, dont la France était exclue, et qui attribuait encore à l'Autriche, la Serbie et la Bosnie. Et lorsque le Gouvernement français, fort ému, fit demander au chancelier d'Autriche des explications, Metternich, avec sa duplicité habituelle, répond que « sa Cour n'avait jamais pensé à un projet de ce genre, mais qu'un des employés de sa secrétairerie avait, en effet, pris sur lui de rédiger un mémoire à ce sujet et que ce mémoire était, à ce qu'il croyait, parvenu à la connaissance de la Cour de Berlin et de quelque Cour d'Allemagne... » Enfin, dans le projet chimérique du remaniement de l'Europe formulé, en 1829, par Polignac, alors premier Ministre de France, la Serbie et la Bosnie revenaient encore à l'Autriche.

Qui donc a pu soutenir que les visées de l'Autriche sur les Balkans et la route de Salonique remontaient à 1866, c'est-à-dire à l'époque où elle fut rejetée d'Allemagne ? Et qui ne verra dans les tentatives de la Prusse, en 1807 et en 1829, de faire céder ces provinces à l'Autriche, le désir de l'éliminer de l'Allemagne et de lui ouvrir, dans le sud de l'Europe, un nouveau champ d'action ?

Déjà, perçaient nettement les velléités de la Prusse de s'émanciper de la tutelle autrichienne, et la politique du premier Empire français n'y avait pas été étrangère. Le *Journal des Débats* écrivait le 20 septembre 1830, faisant allusion aux bouleversements continuels de la carte d'Europe par Napoléon Ier : « *Les peuples se voyant ainsi transportés sans cesse d'un souverain à un autre, avaient fini par ne plus garder qu'une seule idée, savoir qu'ils n'étaient ni Saxons, ni Prussiens, ni Hessois, ni Bavarois, ni Autrichiens, mais qu'ils étaient tous Allemands. L'unité de l'Allemagne est une idée qui remonte à Napoléon.* »

Vous savez, Messieurs, — et je passe rapidement pour arriver aux événements actuels, — à quel point la Hongrie se réjouit (du désastre de Sadowa. Effacée jusque alors, elle allait enfin connaître une vie nouvelle, une vie indépendante. Un homme d'Etat hongrois me disait en 1897 : « Pour nous, ce fut une véritable résurrection. L'Autriche devait enfin compter avec nous. » Mais l'année 1870 allait faire trembler la Hongrie. Un immense courant se manifesta alors en Autriche, en faveur d'une participation à la guerre contre la Prusse.

En Transleithanie, ce fut un mouvement inverse qui prévalut. On redoutait, qu'en cas de défaite de la Prusse, la Hongrie ne retombât de nouveau d'une situation fort avantageuse dans une situation subalterne.

Dans l'ouvrage important publié en 1913, à Stuttgart, sur *la Politique balkanique de l'Autriche-Hongrie depuis 1866*, par Sosnosky, je lis : « Ce que l'Empereur espérait et souhaitait, Andrassy, le premier ministre hongrois, le redoutait. La pensée de la revanche le contristait profondément pour des motifs divers et, au premier chef, à cause de ses sentiments nationaux magyars... Il fallait empêcher à tout prix que l'Autriche ne redevînt une puissance allemande. »

Et quelques lignes plus loin, après avoir rappelé le désastre de Sedan, M. de Sosnosky ajoute: « Andrassy triomphait. Il avait atteint ce qu'il voulait. Les Magyars n'avaient plus à craindre que l'Autriche reprît son ancienne place. Le chemin de l'Allemagne, comme celui de l'Italie, lui était fermé sans espoir. »

Ainsi se révélait, au lendemain du compromis de 1867, entre l'Autriche et la Hongrie, l'antagonisme qui n'a cessé de croître et que les événements de ces derniers mois semblent avoir porté au paroxysme.

En 1908, l'Autriche annexe les provinces bosniaques. On s'est étonné de la rapidité de cette annexion, faite aussitôt après la révolution jeune-turque. L'un des diplomates ottomans qui ont le plus marqué, avant la guerre, m'a révélé depuis lors que cette sorte d'escamotage s'était fait, en grande partie, non seulement pour frustrer la Serbie d'un de ses plus légitimes espoirs, mais aussi par crainte de l'établissement à Constantinople d'un Parlement où les Musulmans de Bosnie auraient sûrement revendiqué leur place, ce qui eût compliqué la tâche déjà si lourde du cabinet de Vienne.

Ce qu'on sait peut-être moins, mais ce que je puis affirmer, c'est que, trois fois depuis l'avènement à la principauté de Bulgarie du prince Ferdinand de Saxe-Cobourg-Gotha, Vienne avait pressenti Sophia au sujet d'un partage éventuel de la Serbie, et que c'est uniquement la crainte d'une intervention russe qui entrava ce projet. Il n'était donc pas douteux que des liens étroits n'existassent entre ces deux Cabinets, surtout lorsqu'on savait le concours, qu'en 1908, le Gouvernement autrichien avait prêté au prince Ferdinand pour l'érection de la principauté en royaume. Il n'était pas douteux qu'ils ne dussent s'entendre un jour pour dépouiller cette Serbie dont le martyre émeut, en ce moment, l'humanité entière, mais dont le stoïcisme, en face de l'épreuve, soulève l'admiration générale, et que, depuis 1718, l'Autriche avait toujours publiquement ou secrètement convoitée !

Le 28 juillet 1914, un diplomate autrichien me disait : « Nous ne pouvons admettre qu'une partie des populations slaves de la Hongrie méridionale cherche à se séparer et soit attirée par les pôles voisins ; c'est la raison de notre guerre à la Serbie. » Et comme je lui faisais remarquer que ce serait peut-être la raison de la guerre générale, il fit un signe d'assentiment. Nier la fermentation qui existait alors parmi les Slaves d'Autriche-Hongrie serait nier l'évidence. Elle résultait de cette renaissance admirable du Slavisme, conséquence directe de la guerre des Balkans. La renaissance du Slavisme ! C'était bien le grand fait qui dominait les compétitions particulières, les rivalités d'intérêts, les coteries mesquines, et qui apparaissait menaçant pour la race germanique et pour la race hongroise. La vague slave couvrait la moitié de l'Europe et venait battre le roc germanique. Il était loin le temps où, modestement, le moine Païsy, Venelin, Dobrovsky et quelques autres patriotes cherchaient à rassembler les forces slaves éparses, à réveiller la conscience nationale assoupie, et allumaient une flamme dont la lueur faible encore, brille aujourd'hui d'un si vif éclat !

Depuis quelques années, dans les casernes autrichiennes, des rixes continuelles éclataient entre soldats et entre officiers de nationalités différentes. Le vice-président de la Chambre autrichienne, appréciait ainsi la situation dans une revue allemande (1), au lendemain de la guerre des Balkans. Après avoir stigmatisé le Parlement « le plus corrompu du monde », le Parlement hongrois, il ajoutait : « Les nationalités non magyares du pays sont opprimées sans pitié. Une oligarchie avide de butin le ronge, et, pour juger l'état des choses, il suffit de dire que, dans toute l'Europe, la Hongrie a aujourd'hui la plus forte émigration. Notre mobilisation a amené beaucoup de mi-

(1) *Süddeutsche Monatshefte.*

sères dans les familles. Les souffrances des soldats étaient grandes ; peut-être quelques-uns d'entre eux souhaitaient-ils qu'on en vînt ouvertement à une guerre, car ils pensaient que la situation ne serait pas pire. Si, maintenant, on obtient un peu de répit, nous comprendrons d'abord le dommage que nous a causé la guerre des Balkans dans ses suites qui se répercutent directement sur nous; alors, nous verrons que le plus important est de soigner nos maladies internes et que nous avons besoin d'une forte cure. Nous devrons réparer les fautes que nous avons commises dans notre politique étrangère et douanière, et qui ont fait de nous l'Etat le plus détesté des Balkans. »

Voici encore le langage que tenait, à la Chambre autrichienne, le député allemand Lodgeman : « Si la Monarchie, n'a pas la force de rétablir l'ordre entre les nationalités, alors les temps viendront où il sera rétabli en dehors de l'Etat par une autre puissance. Comment se réglerait la situation des peuples slaves d'Autriche si la question de la non-existence de l'Autriche se posait ? C'est ce que je ne me charge pas d'expliquer. »

Lorsqu'on médite ces appréciations des

hommes qui vivaient de la vie autrichienne et en connaissaient tous les dessous, comment s'étonner que l'Autriche ait subi docilement les suggestions allemandes et se soit lancée dans une guerre qui, dans sa pensée, devait, après la victoire escomptée, refouler, pour longtemps, peut-être, les aspirations si légitimes des populations opprimées ?

Mais voici que la Monarchie dualiste se voit, à son tour, en butte à la tyrannie prussienne.

J'apporte ici quelques faits précis que je tiens de plusieurs sources particulièrement sûres. L'archiduc héritier est tenu en suspicion par la Cour de Berlin, qui ne lui ménage aucune mortification. Il en souffre cruellement, mais doit s'incliner... Lors de maints conseils de guerre, soit à Vienne, soit à Berlin, des altercations d'une violence extrême se sont élevées entre généraux prussiens et autrichiens, les premiers reprochant leur infériorité aux seconds, qui rejetaient alors sur Berlin les responsabilités de la guerre... Un éminent prélat autrichien ne craint pas d'élever la voix et d'affirmer qu'en tombant sous la domination prussienne, l'Autriche est exposée à voir s'affaiblir le sentiment catholique.

C'est qu'en effet, perce aujourd'hui le plan germanique qui visait à reprendre, en cas de victoire, la politique religieuse d'après 1870 contre les éléments non protestants ; ce qui faisait dire, il y a quelques mois, à un prélat allemand : « *Nous en sommes arrivés à redouter un Kulturkampf.* » On apprend que des conférences se poursuivent entre chefs catholiques de deuxième plan, Bavarois et Autrichiens Allemands, tout à la fois sur le terrain confessionnel et politique, et dans un but de protection et de défense. Certes, la tête bavaroise et autrichienne allemande, les hommes qui dirigent les affaires, restent encore inféodés à la Prusse, par crainte ou par calcul ; mais il apparaît aux autres, qui le laissent nettement entrevoir, qu'elle ne visait à rien moins qu'à imposer son joug dans le domaine religieux, si la fortune des armes lui avait été favorable. Quelle signification revêtent donc, dans ces conditions, ces conciliabules entre personnalités bavaroises et autrichiennes allemandes, et la portée n'en dépasse-t-elle pas de beaucoup les limites d'une simple discussion confessionnelle ?

Depuis quelques semaines, il est vrai, le Gouvernement allemand, voyant s'évanouir

peu à peu ses rêves de domination et de conquête, s'efforce d'opérer une volte-face et de
faire oublier sa politique de coups d'épingles
aux catholiques allemands et autrichiens par
des démonstrations calculées et par des avances
incessantes au Vatican : mais son machiavé-
lisme, en cette circonstance comme en tant
d'autres, n'a pas trompé ces derniers, et ils
en conservent une rancune profonde.

De son côté, le cabinet de Pesth ne ménage
à celui de Vienne aucune critique. Il lui
reproche la direction de la politique étrangère, il le rend responsable des échecs réitérés
des armées austro-hongroises. Si une très forte
opposition commence à s'élever contre la politique du Ministère, car je crois savoir que des
personnalités de premier ordre, aspirant à la
paix, seraient prêtes aux plus larges concessions et se contenteraient, sur l'Adriatique,
d'une fenêtre, le Gouvernement hongrois s'unit
jusqu'à présent à Berlin pour accabler Vienne
de ses reproches. Cette situation ne donne-
rait-elle pas créance à ce que l'on me rapportait, en 1912, au cours d'un voyage en Allemagne, sur l'existence d'un accord plus ou
moins secret entre Berlin et Budapest, et qui
ne visait à rien moins qu'à étouffer, à un mo-

ment donné, l'Autriche et à se donner la main sur ses dépouilles ?

Aussi, les hommes d'État autrichiens, le peuple surtout, qui a été jusqu'à se réjouir de nos succès devant Verdun, ne ménagent-ils pas leurs invectives contre la Prusse. Si la crainte leur fait encore courber la tête, bien qu'il n'y ait pas à se dissimuler qu'un parti de plus en plus fort demande la paix avec instance et se prononce catégoriquement contre la Prusse, ils ne pardonnent pas à Berlin de les avoir réduits, selon leur expression, *à l'état d'école d'enfants*, et ils dévorent leur humiliation. S'ils portent leurs regards sur l'intérieur de l'Empire, ils n'y constatent que misère et tristesse. Il n'est pas un voyageur ayant récemment traversé l'Autriche qui n'ait été frappé de l'aspect lamentable qu'elle présente.

Les petits États allemands eux-mêmes commencent à montrer leur mécontentement. Ils supportent plus malaisément la pression prussienne augmentant chaque jour, s'étendant à tous les domaines. Dans les restaurants, dans les hôpitaux allemands, on doit séparer Bavarois et Prussiens : dans l'armée, les rixes à l'avant comme à l'arrière ne se comptent plus ! Au cours des dernières émeutes à Munich, des soldats prussiens furent lapidés ; dans certains camps de prisonniers, en Angleterre, des querelles éclatèrent entre officiers des deux pays. Un membre de la famille royale saxonne quitte une division prussienne, déclarant qu'après les faits dont il a été témoin, il ne veut plus avoir de contact avec les chefs prussiens. Ainsi s'affirment des symptômes particularistes frappants, que soulignent encore les traits acerbes que des Bavarois et des Saxons vivant à l'étranger, se plaisent à lancer contre le Gouvernement prussien (1).

En présence de ces faits, le problème de l'Europe centrale se pose plus aigu que jamais. Trois thèses sont en présence.

L'une serait de morceler entièrement l'Autriche, de rendre à chaque pays avoisinant les populations de même race qui en étaient séparées depuis des siècles. Dans cette solution, les 10 millions d'Allemands d'Autriche retourneraient forcément à la mère patrie, ou tout au

(1) Les alliés semblent n'avoir pas compris au lendemain de l'armistice, la situation de la Bavière, où nous aurions pu avoir une action si efficace et qui s'attendait à notre collaboration. (Voir notre étude sur la « *Question de Bavière* » qui figure ci-dessous).

moins, à la Bavière ; car on assure qu'en cas de partage complet de la Monarchie dualiste ou de grave menace prussienne, tous leurs efforts tendraient à se placer, même par la force, sous le sceptre d'un souverain catholique. L'Allemagne s'étendrait alors jusqu'au centre de l'Europe, et comme la Hongrie, pour ne pas rester dans un isolement dangereux, s'affilierait, sans doute, à ce groupement, c'est un bloc de 75 à 85 millions d'âmes qui se formerait aussitôt, menaçant pour les pays de l'Europe occidentale de population moindre et pour tous les petits États voisins. L'Allemagne et l'Italie se toucheraient. Celle-ci accueillerait-elle ce voisinage avec enthousiasme ?

Dans une deuxième thèse, l'Autriche ne serait qu'en partie disloquée. On amputerait les États slaves et latins, c'est-à-dire la Galicie la Bohême, la Moravie, la Silésie, les Slovaques, les Slovènes, les Croates, les Serbes, les Ruthènes, les Roumains et les Italiens. Il ne subsisterait donc que 9 millions d'Allemands environ, 8 millions de Hongrois, auxquels il faudrait ajouter environ 1.500.000 à 1.700.000 Allemands de Transleithanie, qui ne sont pas trop englobés dans les groupements ethniques voisins. Ces deux tronçons de l'Autriche-Hongrie pourraient-ils, dans de telles conditions, se soutenir financièrement et économiquement, entourés de nationalités hostiles ? N'auraient-ils pas la tentation de s'orienter vers l'Allemagne ? Quels seraient les rapports des Tchèques de Moravie ou de Silésie avec les quelques centaines de milliers d'Allemands que renferment également ces deux provinces ? Car, si l'on peut distraire de la Bohême les deux millions d'Allemands qui s'y trouvent et qui voisinent avec les autres provinces allemandes d'Autriche, il serait presque impossible de procéder de même pour les Allemands de Moravie et de Silésie, sous peine de couper en deux les Etats tchèques. Or, ces Allemands, nettement hostiles aux Tchèques, entreraient, aussitôt, en lutte ouverte avec eux et se tourneraient vers leurs voisins d'Allemagne. En outre, dans cette hypothèse et dans la précédente, comment vivraient indépendantes certaines fractions du grand rameau slave, telles que les Slovaques, si pauvres, les Slovènes, qui sont, en majorité, contigus aux provinces allemandes et italiennes ? Ces éléments se verraient rapidement obligés de s'étayer sur des voisins de plus grande envergure ou de s'inféoder à l'un d'entre eux. Quels seraient les rapports confessionnels entre Tchèques et Slovaques, Croates et Serbes ? Redoutables problèmes que ces divers peuples ne sont pas sans envisager avec anxiété !

Enfin, une troisième solution laisse la Prusse isolée en Allemagne. On créerait une Confédération germanique, ou tout au moins de l'Allemagne du Sud, sous la présidence de l'Autriche, amputée de 20 à 22 millions d'habitants, c'est-à-dire des Polonais, des Ruthènes, des Roumains, des Croates, des Serbes et des Italiens qui retourneraient à leurs patries respectives, suffisamment fortes, néanmoins, avec 30 à 35 millions d'âmes, comprenant 10 millions d'Allemands environ, 8 millions de Hongrois, 2 millions de Slovènes, 2 millions de Slovaques, et 6 à 7 millions de Tchèques, *dotés de par les traités de la plus large autonomie administrative*, pour devenir la tête d'un grand État, auquel on donnerait, tout au moins, une fenêtre sur la mer, et qu'on pourrait, grossir de la Silésie prussienne, qui ferait ainsi retour à l'Autriche, après plus d'un siècle et demi de séparation.

Il paraîtrait qu'en Bavière, certaines personnalités éminentes ne répugneraient pas à cette solution, et il n'est pas surprenant, qu'après les incidents rapportés ci-dessus, des voix s'élèvent à Munich et dans d'autres villes bavaroises pour la préconiser. Elle placerait la Prusse, au point de vue économique, dans la situation la plus difficile. La perte de la Silésie l'atteindrait gravement dans son industrie. Elle se verrait, en outre, frustrée des régions les plus fertiles de l'Allemagne, auxquelles l'unissait jusqu'alors le Zollverein. Et si la dernière partie de la rive gauche du Rhin était également soumise à un régime spécial (car il ne faut pas perdre de vue que c'est dans cette région que la natalité allemande se maintient la plus élevée, et que nous avons donc, à cet égard, et en dehors de tous autres points de vue, un intérêt majeur à la soustraire à la domination prussienne), la position de la Prusse au sein de l'Allemagne serait loin d'être enviable et ses relations économiques à la merci des décisions des pays voisins.

Telles sont les trois faces de la question. Jamais, après une lutte aussi longue et aussi sanglante, qui aura diminué encore notre population, nous n'aurons eu à envisager un problème plus complexe. Il appartient de l'élucider, à ceux dont la haute intelligence a déjà su faire face à tant de difficultés et qui devront encore, dans cette occasion, résoudre cette grave question au mieux des intérêts du pays.

Il s'est trouvé en Allemagne un homme qui a eu le courage de demander le retour au principe fédéraliste, dans toute son étendue, qui a déclaré que le fondement de la vie publique et politique devait être le droit et la morale, et dont la critique s'exerce sévèrement depuis vingt-cinq ans, contre la politique du cabinet de Berlin, le professeur Fœrster, de l'Université de Munich.

Quelques extraits d'un volume qu'il prépare, et qui sera publié après la guerre, ont récemment paru, par les soins de la *Friedens-Warte*, en un fascicule séparé que j'ai l'honneur de déposer sur le bureau de l'Académie. Après une pénétrante analyse des idées de Constantin Frantz, l'homme politique allemand qui s'était posé en adversaire de Bismarck et avait combattu le centralisme imposé par celui-ci à l'Empire, tout en réclamant le retour au fédéralisme le plus large sur des bases que nous ne saurions pourtant admettre, c'est-à-dire de l'embouchure de l'Escaut à celle du Danube, M. Fœrster s'exprime ainsi : « Les représentants de la propagande pangermaniste ont méconnu qu'en un temps où le respect de l'individualisme est le point central de toute culture et pénètre tellement l'organisation même de l'existence, les peuples ne se laissent plus mener par la simple soumission. Une activité mondiale durable ne peut plus être basée aujourd'hui sur l'*imperium*, mais seulement sur la réunion mondialement organisée d'individualités populaires autonomes ».

M. Fœrster ne s'en est pas tenu là. Au cours de l'une de ses récentes conférences à l'Université de Munich, rapportée également dans la *Friedens-Warte*, il déclarait aux applaudissements de l'auditoire : « Par l'étude et l'observation pratique, tant au dehors que dans l'intérieur de l'Empire, je suis devenu l'adversaire résolu de la tradition de Treistschke et de Bismark, et je crois fermement que nous nous ne serons préparés à la tâche que nous aurons à remplir en Europe qu'autant que nous nous séparerons nettement de cette tradition ; de même que les autres peuples devront aussi se libérer de leurs traditions de politique impérialiste, si l'Europe ne veut pas sombrer dans la fureur et le sang. »

L'action de M. Fœrster sur l'élite de la jeunesse allemande s'accroît. M. Paul Seippel, l'éminent professeur à l'Ecole polytechnique fédérale de Zurich, le constatait il y peu de jours dans un article du *Journal de Genève* où il relatait que deux cents étudiants munichois (chiffre considérable à l'heure actuelle) n'avait pas craint d'envoyer à M. Fœrster une adresse de sympathie, lorsque celui-ci fut menacé de mesures de rigueur que jusqu'ici le Gouvernement allemand n'a pas osé prendre(1).

Les petits États neutres de l'Europe centrale eux-mêmes commencent à s'émouvoir à la perspective d'une Prusse qui s'étendrait éventuellement jusqu'à la Hongrie. Le docteur Bächtold, professeur à l'Université de Bâle, ayant semblé, dans une récente brochure, approuver cette thèse, s'attira de M. Paul Burckhardt, dans l'un des plus grands organes de la Suisse alémanique, la réponse suivante : « Aucun impérialisme ne pourrait menacer davantage notre indépendance que l'impérialisme allemand. Dans son *Mitteleuropa*. Naumann nous fait sentir la fin de cette indépendance, D'après lui, les petites nations neutres (et il vise ou-

____

(1) Les traités qui ont suivi la guerre mondiale et la reconstitution de l'unité allemande ont singulièrement affaibli l'action de M. Fœrster, depuis 1919.

vertement la Suisse) doivent s'affilier, non seulement à l'union militaire, mais encore à l'union économique de l'Europe centrale... Quant au point capital, énoncé ci-dessus, le docteur Bächtold a appuyé son opinion optimiste sur des arguments trop peu décisifs. »

Et ces jours derniers, la revue *Wissen und Leben*, aussi connue en Suisse que dans l'Europe centrale, renchérissait : « Pendant des années, écrit M. Meyer, beaucoup de Suisses, presque la majorité des cercles qui qui donnent le ton dans notre pays, étaient enclins à considérer une forte Allemagne comme la meilleure protection des petits États. La tragédie de Belgique a confirmé l'erreur des optimistes et donné raison à ceux qui voyaient dans la prépondérance militaire de l'Allemagne un danger politique pour les petites nations qui l'entouraient. Ce n'est pas dans la suprématie d'une grande puissance militaire voisine que réside maintenant le salut des petits États européens et, en particulier, de notre patrie, mais dans le retour à l'équilibre européen, aujourd'hui détruit. »

Ces vues ont rencontré dans la plupart des cercles de la Suisse alémanique une chaleureuse approbation. Si l'on excepte un certain nombre d'hommes politiques, d'universitaires, d'officiers d'éducation allemande, et que la visite en Suisse faite peu avant la guerre par l'empereur d'Allemagne avait singulièrement flattés, l'opinion populaire helvétique commence à voir de quel côté il faut aller chercher la liberté, cette liberté dont les Suisses sont si jaloux et pour laquelle ils ont, pendant des siècles, combattu. (1)

Et c'est ainsi que le problème de l'Europe centrale se pose angoissant pour les petites nationalités, en tête desquelles se placent la Belgique et la Suisse. Elles voient aujourd'hui mieux que jamais que, de son règlement, dépendent non seulement l'orientation de leur politique étrangère, mais encore leur indépendance, leur existence même !

(1) L'occupation de la Ruhr, critiquée en Suisse, et insuffisamment expliquée par notre propagande, a malheureusement déchaîné contre nous bien des polémiques qui ne sont pas encore apaisées. La Suisse devrait cependant comprendre, maintenant comme en 1916, qu'en combattant pour notre existence, nous défendons aussi la sienne,

LES RELATIONS POLITIQUES RUSSO-ALLEMANDES DU XIXᵉ AU XXᵉ SIÈCLE

(9 mars 1918)

Messieurs,

M. Stourm, peu de jours avant sa mort, voulait bien m'écrire : « Parlez-nous des relations politiques et commerciales russo-allemandes ; c'est le sujet d'hier, c'est celui d'aujourd'hui et c'est celui de demain ». Vision exacte ! Depuis 170 ans, jamais les relations entre deux pays n'ont pesé d'un poids plus grand sur l'Europe entière et sur la situation de la France en particulier. Jamais nous n'en avons ressenti plus étroitement les chocs et les répercussions... Pendant tout le xixᵉ siècle et presque jusqu'à la conclusion de l'alliance franco-russe, il semble, que, sauf pendant de courtes périodes, l'amitié, parfois imposée par les circonstances, mais, enfin, l'amitié, préside aux rapports russo-allemands. Certes, il y eut des nuages ; peu d'amitiés en sont exemptes, mais ils furent vite dissipés.

Avant que d'arriver à nos jours, jetons un rapide coup d'œil sur les relations des deux pays au XVIIIe siècle.

Au moment de la guerre de sept ans, la Prusse et la Russie n'étaient encore qu'à l'embryon de leur puissance, et, déjà, se formaient des liens qu'ont fortifiés presque tous les grands événements européens. — L'Impératrice de Russie, Elisabeth, était morte le 5 janvier 1762 ; Pierre III, entraîné par son penchant pour Frédéric II, signe la paix avec lui et sauve la Prusse d'un désastre. Quelques années après, les succès des Russes contre les Turs avaient excité la jalousie des puissances voisines. La cour de Vienne espérait revendiquer un jour les conquêtes des provinces sur lesquelles elle prétendait avoir des droits. Elle mit tout en œuvre pour entraîner le roi de Prusse dans une alliance contre la Russie : « La conduite que tint Frédéric II dans cette circonstance fut beaucoup plus adroite que celle de Vienne. Au lieu de se déclarer contre la Russie, son alliée, il sut tirer parti de la situation embarrassante où se trouvait cette puissance, menacée à la fois par l'Autriche et travaillée par le fléau de la peste, pour ménager le partage de la Pologne et pour disposer l'Impératrice de Russie à limiter ses propositions de paix, et à promettre la restitution de la Valachie et de la Moldavie à l'époque de la paix. » (1)

Au lendemain du premier partage de la Pologne, on trouve les lignes suivantes dans un mémoire d'un de nos agents, daté du 4 juillet 1774.

«... J'ai pris souvent la liberté de blâmer les excessives complaisances qu'on avait pour un monarque [Frédéric II] qui ne connaît de loi que la force de son intérêt.

...La Czarine est fascinée. Frédéric la domine et a subjugué son Conseil : il l'entraînera toujours... Je donnai part qu'un des points des instructions de M. Durand à Pétersbourg était de travailler à détacher cette cour de celle de Berlin, et à l'unir étroitement avec Vienne et Versailles... mais la Czarine était assujettie par une aveugle déférence à tous les

(1) *Arch. Nat.* A. D. XV, 9 (n° 15).

projets de son allié et elle favorisait sans cesse les rapides progrès d'une puissance si dangereuse même pour la Russie.

J'avais peine à concilier et ce désir à voir mettre des bornes à la puissance prussienne et la tranquillité avec laquelle on la laissait *croître et s'affermir* (1). »

Les partages de la Pologne rapprochent encore Berlin et Pétersbourg. Pourtant, à la fin du règne de Catherine II, l'harmonie entre la Prusse et la Russie paraît, sinon compromise tout au moins ébranlée dans une certaine mesure, et il faut l'attribuer, en grande partie, au rapprochement de la Prusse avec la République française. Le ministre plénipotentiaire près les villes Hanséatiques faisait le 29 brumaire, an IV, aux représentants du peuple composant le comité du Salut public, un tableau assez sombre de la situation morale des Russes sous le joug de Catherine II, des abus du favoritisme, de l'oppression : « Depuis le trône jusqu'au dernier esclave, il n'est pas un Russe qui attache une idée au mot *d'amour de la patrie*, qu'on a cependant su traduire dans la langue... » « La Prusse, en concluant la

(1) *Arch. Nat.* K, 1371 (n° 220).

paix avec la République, s'est positivement exposée au ressentiment de l'Impératrice. Catherine II hait la Prusse de bon cœur et elle se vengera. Elle a offert à l'Autriche 150.000 Russes à sa disposition si elle voulait se déclarer contre la Prusse, L'Autriche n'a pas osé. Le partage de la Pologne n'avait été concerté qu'à condition que la Prusse ferait la guerre à la France (1) ».

Signé : REINHARD

De son côté, le citoyen Caillard signale de Berlin le 2 pluviose, an V (2) :

« Aussitôt que la Prusse a eu à redouter le ressentiment et les efforts de la Russie, elle n'a pu chercher un autre appui que celui de la République française... Mais pour peu que la Russie paraisse se radoucir et disposée à revenir à l'ancien système du comte Panin, on s'attend que la cour de Berlin s'occupera par-dessus tout du soin de renouveler son alliance avec celle de Pétersbourg et que tout sera subordonné à cette principale affaire. — Dans

(1) *Arch. Nat.* A. F. III, 79, doss. 325.
(2) *Id.*

le cas d'une alliance avec la Russie, si l'on peut espérer de réconcilier l'Empereur avec notre révolution, le système français à Berlin restera dans son intégrité, cela est évident. Dans le cas contraire, le système restera encore, mais dépouillé en grande partie des avantages qu'on s'en était promis, parce que nous retomberons en seconde ligne et que la *cour de Berlin n'osera plus faire un pas qui puisse déplaire à son nouvel allié* (1). »

Nos agents à Berlin ne se faisaient pas d'illusions sur les sentiments intimes de la Prusse à notre égard. Le citoyen Parandier observe, en effet, le 25 fructidor an V, dans une dépêche de Berlin : « Le peu de penchant qu'on nous y témoigne, et la joie de certaines personnes à nos moindres défaites, établissent que la nécessité avait forcé à faire une paix aussi contraire aux opinions qu'aux passions, paix que la Prusse observera avec chagrin, tant qu'elle sera nécessaire, mais qu'elle rompra avec joie quand elle le pourra avec avantage (2).

A cette époque déjà (détail piquant) l'es-

(1) *Arch. Nat.*, A. F. IV, 76,
(2) *Id.*

pionnage était fort pratiqué à Berlin ; un bulletin de cette ville, en date du 12 messidor, an VI, s'exprime ainsi : « En Allemage, le ministre étranger est complètement isolé jusqu'à ce que les formalités requises aient été remplies. En attendant, il est entouré *d'espions de toute espèce, qui pénètrent jusque dans son appartement*, le suivent dans la rue, se présentent pour être à son service et l'accompagnent partout avec une impudence révoltante (1). »

La lutte gigantesque entreprise par l'Europe contre Napoléon devait avoir pour effet immédiat de cimenter fortement les relations russo-prussiennes. Dès le 29 janvier 1808, Caulaincourt le remarque : « On dit dans toute la société à Kœnigsberg : la Prusse n'a qu'une seule marche à suivre ; sa politique doit être de s'attacher à la Russie, si cette puissance est de bonne foi, sinon la Prusse est perdue (2) ».

Au plus fort de la domination napoléonienne en Prusse, les correspondances secrètes s'échangent entre le Tsar et le roi Frédéric-Guillaume, les projets s'élaborent. Les archives allemandes contiennent des preuves de

(1) *Arch. Nat.* A.F. IV, 76.
(2) *Arch. Nat.*, AF. IV, 1697.

cette communauté de sentiments entre Berlin et Pétersbourg, et, dès le mois de décembre 1812, par la convention de Tauroggen, la Prusse redevient l'alliée de la Russie.

Mme de Staël, parcourant l'Europe pour fuir le courroux de Napoléon, notait : « Je vis à Moscou, les hommes les plus éclairés dans la carrière des siences et des lettres, mais là comme à Pétersbourg, presque toutes les places de professeurs sont remplies par des Allemands. Il y a grande disette en Russie d'hommes instruits, dans quelque genre que ce soit (1) ».

Au lendemain des traités de Paris et de Vienne, il semble que la tactique de la Prusse ait été de multiplier les avances à la France, comme pour dissimuler son jeu ; tout en entretenant contre nous une haine sourde, elle en masque avec une rare habileté les manifestations intimes. Les gouvernements de la Restauration et de Juillet ne paraissent pas avoir compris cette tactique, car chaque avance de la Prusse était pour eux l'occasion de redoubler d'amabilité envers cette puissance. Ils rivalisaient de prévenances sans s'apercevoir

(1) *Dix ans d'Exil.*

que l'orage se préparait lentement. Funeste erreur diplomatique qui permit à la Prusse de se relever, mais erreur imputable aussi à l'agitation intérieure qui régna en France de 1815 à 1848 et qui paralysa une partie des forces de nos ministères successifs ! Notre ministre à Berlin, Bresson, qui eut l'occasion d'y rendre de grands services, ne faisait-il pas l'aveu de cette situation, au moment de la crise d'Orient, qui reforma contre nous la coalition européenne : « Depuis neuf ans, que n'avons-nous pas fait pour nous rapprocher du gouvernement prussien ? Il n'est sorte de paroles aimables dont je n'aie été l'organe... En un jour, au jour essentiel, il passe sans hésitation, sans scrupule et sans intérêt dans le camp opposé... *Ainsi, Monsieur le Président du Conseil, la duplicité et la malveillance ont veillé pendant tout ce temps à notre porte* (1) ».

On ne peut pendant cette longue période, étudier les rapports russo-prussiens sans les mettre en parallèle avec les rapports franco-prussiens. Ils en sont comme le complément logique.

(1) *Archives des Affaires Étrangères.*

Le 6 juin 1814, le comte de Goltz, ministre prussien à Paris, écrit à Hardenberg : « Le roi de France m'a reçu debout dans son cabinet, de la manière la plus gracieuse... Lui exprimant les vœux sincères que S. M. le Roi, notre auguste maître, forme pour la prospérité de son règne, et les sentiments invariables de son amitié, il m'a répondu qu'il ne pouvait en douter, après toutes les preuves qu'il lui en avait déjà données, et qu'il tâcherait de prouver au roi qu'il se sentait animé des mêmes sentiments pour lui (1). »

Et le 10 juin 1814 : « Le Duc d'Angoulême m'a parlé avec la plus grande estime de la nation et des troupes prussiennes. Il m'a dit que celles-ci s'étaient couvertes de gloire et que, sans faire tort aux autres, il fallait pourtant leur rendre la justice que, dans le cours de cette guerre, elles avaient fait le plus (2) ».

Le 24 septembre 1814, Hardenberg adresse à Goltz ce message : « S. M. voit avec un plaisir bien vif les progrès que fait son auguste allié dans l'amour de ses peuples et la confiance générale qu'inspirent des mesures sages et mo-

(1) *Archives d'Etat à Berlin.*
(2) *Id.*

dérées. Il importe à la tranquillité de l'Europe que la France soit heureuse et qu'elle profite des avantages de la paix pour rétablir son commerce et pour donner une nouvelle vigueur à son industrie nationale... S. M. mettra toujours le plus grand prix à cultiver et à resserrer les liens qui l'unissent à la France (1) ».

Enfin, le 26 septembre 1814, Goltz mande à Hardenberg : « Le duc de Wellington... avait invité hier le ministre de la guerre, tous les maréchaux de France (à l'exception des maréchaux Kellermann, Masséna, Oudinot, Sérurier, Pérignon et Marmont), le duc de Feltre, les généraux Dessolles et Kellermann et quelques Anglais, parmi lesquels Lord Stewart, à dîner... Il n'y avait du Corps Diplomatique que le général Pozzo et moi. C'était sans contredit l'une des réunions les plus intéressantes... les maréchaux eux-mêmes étaient étonnés de se trouver tous ensemble chez le héros anglais... Très visible était la jalousie et la froideur qui régnaient entre eux... Le maréchal Ney me supplia de me placer entre lui et le maréchal Soult, parce qu'il voulait éviter le

(1) *Archives d'État à Berlin.*

voisinage de ce dernier... Pendant le dîner, Ney me parla fort de la dernière guerre et des folles entreprises de Bonaparte... Le maréchal fit ensuite un grand éloge des troupes prussiennes et de leur attitude en 1806, regrettant seulement qu'elles aient été si mal traitées et conduites par le malheureux duc de Brunswick... Puis, il passa à des considérations politiques, exprimant l'opinion que, pour l'équilibre et la tranquillité de l'Europe, rien ne serait préférable à une alliance franco-prussienne... » (1).

Les rapports russo-prussiens, cimentés par la grande lutte de 1812 à 1814, prennent sous la Restauration un caractère nettement cordial. Notre agent à Berlin annonce à Polignac le 11 octobre 1829, que le comte d'Alopeus a demandé une audience au Roi pour lui remettre une lettre du Tsar, et il ajoute : « Les ministres étrangers n'ont pas ordinairement de rapports directs avec le Roi, et la correspondance entre les deux souverains si intimement unis arrive plus que toute autre sans intermédiaire. Nous avons appris que la lettre remise renfermait des remercîments exprimés tendrement,

(1) *Archives d'Etat à Berlin.*

mais plus solennellement que de coutume, sur les bons offices rendus par la Prusse à Constantinople et à Andrinople pour la paix (1) ».

La tempête de 1830 ne pouvait que resserrer encore ces relations. Il faut avoir fouillé les archives de l'Europe entière, pour comprendre l'émotion indicible que ce grave événement produisit dans toutes les capitales. Les souverains, en principe les plus hostiles les uns aux autres, se rapprochent, se concertent, unissent leurs craintes, organisent la résistance. Pourtant, la Prusse, quoique affaiblie, avait été la première à réfréner une fois de plus sa haine pour la France et à reconnaître notre monarchie. « La France ne perdra pas le souvenir, disait notre agent à Berlin, le 30 août 1830, que les premières marques d'intérêt en faveur de notre monarchie constitutionnelle ont été données, en premier lieu, par la Prusse (2). » Mais, malgré cette attitude, en apparence si bienveillante, Berlin restait au fond d'accord avec Pétersbourg : « Le cabinet de Berlin est fort attentif au développement des événements en France. Ses vues, en

(1) *Archives des Affaires Etrangères.*
(2) *Archives des Affaires Etrangères.*

fait de politique européenne, sont assez d'accord avec celles du Cabinet de Saint-Pétersbourg ». Ainsi parle Luxbourg, ministre Bavarois à Berlin, dans une lettre au roi de Bavière, le 23 juillet 1830 (1).

Les événements de Pologne devaient montrer à l'évidence à quel point la Prusse allait favoriser la Russie, au moment où, en France, une sympathie née de notre esprit de justice à l'égard des Polonais, risquait de nous aliéner à tout jamais la Russie. De Bray, ministre Bavarois à Vienne, écrivait au roi de Bavière le 28 août 1831 : « L'affaire de Pologne terminée donnera une grande consistance à l'alliance des trois grandes Cours continentales » (2). Notre ministre à Berlin, Bresson, qualifiait alors l'union entre les cabinets de Berlin et de Saint-Pétersbourg *d'intime et d'inaltérable* (3).

Il est curieux de constater incidemment comment les représentants de certains Etats allemands jugeaient alors l'Autriche : « Les manières hautaines et le ton tranchant du ministre président de la Diète n'en imposeront, j'espère, à personne ; cela fait tout au plus rire

(1) *Archives Royales de Bavière.*
(2) *Archives Royales de Bavière.*
(3) *Archives des Affaires Etrangères.*

et hausser les épaules... Nous ne vivons plus heureusement dans le temps où un ministre d'Autriche, comme fit M. de Lehrbach sous l'électeur Charles Théodore, osait impunément se donner des airs de commander chez nous. L'Allemagne peut se passer de l'Autriche. Elle ne saurait exister sans la Bavière (1) ».

Et quelques semaines plus tard, dans une conversation avec le roi de Prusse à Berlin, Luxbourg parlait de *la prédilection* du roi de Bavière pour la Prusse (2).

Pourtant, certains diplomates allemands, et parmi eux Luxbourg, se prononçaient avec sévérité sur la Russie dans leur correspondance intime. Le 28 avril 1831, celui-ci s'exprimait ainsi dans une lettre au roi de Bavière, à propos des affaires de Pologne : « Ce qu'il y a de plus sûr, c'est que le crédit politique du cabinet de Pétersbourg, sa grandeur morale surtout et l'idée qu'on s'était formée depuis l'année 1814 de sa puissance militaire, ont reçu, en dernier lieu, de cruels échecs... Environné de flatteurs et d'officiers de cour, l'Empereur Nicolas a été induit par des rapports

(1) *Archives Royales de Bavière.* (Luxbourg au roi de Bavière, 29 octobre 1830.)
(2) *Idem.*

faux et mensongers. Son noble caractère, ses sentiments élevés mériteraient d'être mieux servis. Mais où trouver de fidèles serviteurs, des hommes intègres dans un pays où la vérité n'a aucun moyen de pénétrer jusqu'au trône ? » (1)

Luxbourg ajoutait, à propos des discussions qui s'étaient élevées entre la Russie et la Prusse quant aux frais et indemnités que réclamait celle-ci du chef des divers corps d'armée Polonais qui s'étaient réfugiés sur son territoire : « Le gouvernement prussien a commencé par livrer aux Russes tout le matériel, les armes, les chevaux. Il a de même permis l'extradition de plusieurs millions d'écus saisis soit à Berlin, soit à Thorn et appartenant au royaume de Pologne. Les preuves d'amitié que la Prusse a données à la Russie pendant tout le long de la guerre de Pologne, sont d'ailleurs assez connues et ont occasionné assez de commentaires et de fausses interprétations pour donner lieu d'espérer que l'Empereur de Russie, après plus mûre réflexion, fera droit aux justes réclamations de la Prusse (2). »

(1) *Archives Royales de Bavière.*
(2) *Idem.*

Ainsi, la crise polonaise avait encore raffermi l'union de Berlin et de Pétersbourg. Certes, des dissentiments passagers s'élèvent parfois entre les deux pays pour des questions de deuxième plan; mais ils n'entament pas les bases d'un accord qui semble résister au temps et à ses vicissitudes.

Ce n'est pas à dire, que la population prussienne ait éprouvé une sympathie particulière pour la population russe. La plupart des agents français et leurs collègues étrangers la niaient même : « *L'influence Russe n'est nullement populaire en Allemagne* »(1), mais ils insistaient sur les relations de famille entre les deux pays, sur le danger qu'ils semblaient redouter également de rompre avec un long passé d'intimité, sur la solidarité du principe monarchique. « La Prusse, à moins que la paix générale ne soit compromise et le tort évident, usera jusqu'à la fin envers l'Empereur de Russie des plus grands ménagements » (2).

La Prusse continuait d'ailleurs sa politique à

(1) *Archives des Affaires Etrangères.* Bresson à Thiers, 8 juin 1840.
(2) *Id.* Bresson à Soult, 26 juillet 1839.

double face. Au lendemain de la secousse de 1840, elle prodigue officiellement des témoignages insidieux de sympathie à la France. Il semble que plus sa haine s'accroît plus on la dissimule.

Dans les manifestations cordiales de l'Empereur Nicolas au roi de Prusse, ne faut-il pas faire entrer un autre élément : la haine de ce souverain pour le catholicisme ? On sait que le Tsar, parmi tant d'actes hostiles, avait, en 1836, déclaré nulle et non avenue l'union du peuple ukrainien avec l'Eglise Romaine, union qui datait du concile de Florence. Adam Mickiewicz, bien placé pour être renseigné, signalait, en 1849, dans la *Tribune des Peuples,* cette tendance de Nicolas Ier.

Les fautes accumulées par le second Empire et exploitées par Bismarck, devaient avoir pour conséquence de marquer, en cette période douloureuse pour la France, l'apogée des relations russo-prussiennes. La neutralité bienveillante de la Prusse avait déjà évité à la Russie, en 1854, la formation d'une coalition européenne. Pourtant, la Russie nous fit depuis lors maintes avances. Mais, comme le constatait, en 1887, un diplomate russe. « Malgré les prévenances dont Napoléon III accablait Alexandre, il était l'ennemi acharné de la Russie (1) ». Le même diplomate rappelle que M. Klascko, dans son livre sur les deux chanceliers, dit, après avoir parlé de la passion du souverain français pour l'Italie : « Moins invétéré et bien plus funeste fut chez Louis Napoléon le penchant pour la patrie de Blücher et le Scharnhorst ; les grandes destinées de la monarchie de Brandebourg en Allemagne formaient un des articles de sa foi cosmopolite. *La situation géographique de la Prusse est mal définie,* ainsi devait-il parler encore en un moment solennel et dans un document trop oublié (1866) (2) ». Nous étions à ce point aveuglés par cette *comédie* de sympathie prussienne que l'on peut lire dans la correspondance du duc de Montebello, qui nous représentait à Pétersbourg avec beaucoup de dignité, cette phrase stupéfiante, touchant son collègue prussien : « *M. de Bismarck, dont la politique est très française !* »

Mettons en regard de ces lignes celles instructives de M. Charles Hillebrand, historien

(1) *Les Adversaires naturels de l'Allemagne, Russie et France, par un diplomate russe.*

(2) *Les Adversaires naturels de l'Allemagne, Russie et France, par un diplomate russe.*

allemand, naturalisé français, puis revenu après 1870 à ses premières amours pour lancer contre la France les plus violentes invectives. « Depuis la guerre de la succession d'Autriche, jusqu'à celle de la succession de Bavière, Frédéric II ne perdit jamais de vue la tâche que l'intérêt de l'Allemagne entière imposait à la Prusse : l'exclusion de l'Autriche, et l'alliance des Etats protestants. Malheureusement, la mort le surprit au moment où il venait de toucher à son but par la formation de la *ligue des princes*, et l'étoile de la Prusse allait s'éclipser pour longtemps sous le règne de Mme de Lichtenau et de M. de Wöllner. » Et plus loin : « L'abstention de 1805, aussi coupable au point de vue allemand que l'avait été la convention de Pillnitz au point de vue européen, ne fit pas éviter la catastrophe d'Iéna, et le rôle de la Prusse semblait à jamais terminé par sa propre faute... On ne se met pas assez en France à la place des Allemands en jugeant cette époque ; on oublie trop facilement ce qu'ils avaient souffert pendant dix ans de domination étrangère. Chose étrange ! La France, qui se rappelle encore avec amertume l'entrée de l'étranger à Paris, ne songe jamais à ce que devaient éprouver les Allemands en 1805, en

1806, en 1808, à ces populations asservies, appauvries, humiliées surtout pendant de si longues années. Quoi qu'il en soit, c'est de cette époque que les Allemands datent leur résurrection et c'est à la Prusse qu'ils croient la devoir. C'est de 1813 que date la solidarité de l'Allemagne et de la Prusse et, en un sens, on serait justifié de dire que c'est la France qui a fait l'unité allemande ».

Les événements de Pologne devaient marquer la rupture définitive entre le Tsar et Napoléon III.

J'évoque ici un souvenir personnel.

En 1902, à Saint-Pétersbourg, un membre du Conseil de l'Empire, très avant dans l'intimité d'Alexandre II, me conta qu'au ·retour de l'Exposition de 1867, celui-ci, rentrant dans la capitale Russe, parcourait ses appartements avec une agitation extraordinaire, et comme le Conseiller le questionnait sur les causes de cette irritation, il s'attira cette réponse : « *Il a eu le toupet de me parler de la Pologne* »

Le Duc de Weimar était également venu à l'Exposition de 1867. Comblé de prévenances, il disait à une personnalité parisienne qui me l'a répété depuis lors : « Je regrette d'être ainsi traité quand je sais que la guerre est décidée.

On veut seulement que ce soit vous qui la déclariez pour forcer les petits Etats à marcher. »

Messieurs, je puiserai ici dans un dossier de notes que m'a laissées Mme Chevandier, femme de l'ancien ministre de l'Intérieur du cabinet Ollivier. D'origine allemande, connaissant merveilleusement le personnel gouvernemental de son pays, en correspondance fréquente avec des personnalités de l'entourage du roi Guillaume, elle avait pu étudier de près la tactique de Bismarck, scruter ses plans et ses visées. Elle écrit au mois de juin 1870 : « Je n'ai pas cessé de prévenir les amis de mon mari, non seulement pendant son passage au ministère, mais même lorsqu'il n'était que député de la Meurthe. Je leur répétais que l'armée prussienne était beaucoup plus forte qu'on ne le croyait généralement à Paris, que sa victoire à Sadowa devait ouvrir les yeux des plus incrédules, que Bismarck visait la France après avoir fort habilement gagné la Russie par l'imprudence du gouvernement impérial dans les affaires de Pologne, qu'il avait conscience de la faiblesse de la France... Et c'est ainsi que les semaines, les mois s'écoulaient, nous rapprochant de l'échéance fatale. En marge d'un rapport de Stoffel, quelqu'un avait écrit ces mots : « ceci est indigne d'un français ». Au mois de mai 1870, je reçus une lettre d'Allemagne où l'on me disait : « Bismarck se prépare activement. » Je me rendis chez l'Empereur pour lui donner lecture de cette correspondance ; ma démarche fut, hélas ! vaine. »

Voici une autre note du mois de juin 1870 : « Je viens de recevoir une lettre d'Allemagne où l'on me dit que Bismarck fait un éloge absolument immodéré de la Russie. Même impression dans les conversations des intimes du roi Guillaume. Partout, on porte la Russie et le tsar aux nues ». Et enfin cette note du mois d'octobre 1870 : « Peu après le désastre de Sedan, un de nos amis personnels causait avec Gramont. Celui-ci était effondré. Et comme on lui rappelait mes prédictions d'avant-guerre, les larmes lui vinrent aux yeux et il laissa échapper cette parole : « *C'était si facile à éviter !* »

Cet aveu me fut confirmé en 1913 par M. de Voguë, membre de l'Académie française et de l'Institut et qui le tenait d'un témoin de la scène.

Pouvait-on d'ailleurs avoir le moindre doute

sur l'étroite intimité des rapports russo-prussiens à cette époque, lorsqu'on lit ce passage
tiré du volume *Sur les adversaires naturels de
l'Allemagne,* paru en 1887, sous la plume d'un
diplomate russe : « A la fin de 1869, on célébra
à Saint-Pétersbourg le centenaire de l'ordre
de Saint-Georges, dont la première classe ne
peut être conférée qu'à des généraux ayant
remporté une victoire éclatante. Alexandre II
saisit cette occasion pour l'offrir au roi de
Prusse, avec une lettre des plus flatteuses.
Celui-ci répondit par ce message :

« Je vois dans ces expressions une preuve
nouvelle... de votre souvenir de la grande
époque où nos armées réunies combattaient
pour la même cause sacrée » (1).

Ainsi l'abstention de la Russie avait sauvé
la Prusse. Le 27 février 1871, l'empereur Guillaume adressait au tsar Alexandre II ces
lignes significatives : « La Prusse n'oubliera
jamais que c'est à V. M. qu'elle doit l'heureuse
issue de la guerre »; et il signait : *Votre éternellement reconnaissant ami.*

Bismarck reforme l'alliance des trois Empe-

(1) *Les adversaires naturels de l'Allemagne : Russie
et France* (Ouvrage cité).

reurs. J'emprunte les détails qui vont suivre à un ouvrage allemand paru en 1913 à Stuttgart : *Le comte Andrassy, sa vie et son temps*, par M. Edouard de Wertheimer, qui a eu la bonne fortune de pouvoir consulter les papiers privés de la famille Andrassy.

Après la guerre de 1870, la Russie restait d'une extrême susceptibilité pour les affaires de Pologne. Andrassy avait dû donner à Bismarck l'assurance qu'il désirait des rapports cordiaux avec la Russie et qu'il ne souffrirait jamais que, de Galicie, une agitation polonaise pût s'étendre au royaume voisin. « Mais, ajoute M. de Wertheimer, pour les Russes, l'ancien royaume est le point noir dans leurs rapports avec l'Autriche-Hongrie. Dans la capitale russe, on considérait comme une maxime certaine qu'on était en Autriche beaucoup trop libéral à l'égard de la Galicie et qu'on fournissait ainsi un élément nouveau aux désirs d'autonomie des Polonais. » Comme ceux-ci ne montraient eux-mêmes aucun enthousiasme pour l'autonomie de la Galicie, une partie des difficultés pendantes entre la Russie et l'Autriche s'aplanit.

La reconnaissance des souverains n'est pas plus durable que celle des simples particuliers

Guillaume Ier, qui, au lendemain des événements de 1870, devait écrire au Tsar : *Votre éternellement reconnaissant*, l'abandonnait au Congrès de Berlin. M. de Wertheimer raconte l'entrevue qui eut lieu en 1879 entre le général Schweinitz, ambassadeur à Pétersbourg, et le Tsar : « Celui-ci se plaignit à Schweinitz que la Russie était sortie de la guerre des Balkans les mains vides, alors que l'Autriche avait gagné deux provinces. Il reprocha à la politique allemande de prendre parti, en toute occasion, pour l'Autriche-Hongrie : « Si vous voulez, dit-il à l'ambassadeur, en langue allemande, que l'amitié qui nous a unis cent années durant, se poursuive, cette situation devra se modifier ». Puis, continuant en français, ce qu'Alexandre II faisait toujours, lorsqu'il accentuait, il ajouta, après une allusion à l'attitude de la presse russe : *Cela finira d'une manière très sérieuse.*

Le 15 août 1879, Alexandre II s'était décidé à montrer à l'empereur Guillaume son mécontentement au sujet de la conduite des représentants allemands à la commission de règlement des affaires des Balkans. Dans sa réponse, faisant allusion à l'amitié traditionnelle des deux empereurs, Guillaume Ier parlait du *legs sacré de ses pères*. Mais M. de Wertheimer donne cette explication : « Bismarck n'avait inséré dans la réponse de Guillaume Ier les mots *legs sacré* que comme une formule diplomatique destinée à faire impression sur le Tsar. Il voulait, de cette manière, laisser la porte russe ouverte aussi longtemps que l'assurance austro-hongroise n'aurait pas vu le jour ».

Quelques semaines après se formait l'alliance austro-allemande. En 1884, Bismarck parvient encore à lier la Russie par la réassurance de Skierniewice.

L'alliance franco-russe, due aux efforts inlassables de MM. de Freycinet et Ribot, devait contrebalancer dans une certaine mesure l'amitié russo-allemande, mais ce serait une erreur profonde de croire qu'elle y mît fin. Dans ses entrevues assez fréquentes avec Nicolas II, l'Empereur d'Allemagne (je le tiens de source certaine) ne manquait jamais de rappeler l'amitié traditionnelle ; il employait successivement vis-à-vis du Tsar la flatterie, surtout la pression, moyen propre à influencer un homme aussi faible que Nicolas II. Il invoquait enfin le grand argument : *la solidarité du principe monarchique*. Mais presque toujours,

tout au moins pendant les dix ou quinze premières années de l'alliance franco-russe, l'Empereur allemand a cherché à s'y associer pour
mieux l'affaiblir.

En 1898, à Vienne, un diplomate allemand,
me disait : « Je ne comprends pas comment la
France et l'Allemagne ne se rapprochent pas,
car que pourrait faire le monde contre ces
deux puissances réunies ? » Et comme je lui
faisais observer que c'était l'attitude de l'Allemagne qui nous avait dicté nos alliances, il
reprit vivement : « Oui, mais nous pourrions
entrer en tiers dans l'alliance franco-russe ».
C'est exactement le langage que tenaient 70 ans
auparavant les représentants du gouvernement prussien lorsque constatant, à la fin de
la Restauration, l'intimité des relations franco-
russes, brisée ensuite par la révolution de
Juillet, ils exprimaient le vœu de *voir se réaliser un accord franco-germano-russe*. La
continuité de la politique prussienne apparaît
ainsi au début et à la fin du XIX⁰ siècle.

Lorsqu'à la suite de la guerre sino-japonaise
de 1894, l'Allemagne participe en tiers à l'intervention franco-russe qui devait frustrer le
Japon du résultat de ses victoires, cette intervention qui marque une étape des plus graves

dans l'histoire diplomatique contemporaine, renfermait les germes de la guerre russo-japonaise, des affaires du Maroc et des succès balkaniques austro-allemands, dus à l'affaiblissement de la Russie. La France, liée par son alliance avec cette dernière, s'était crue forcée de se joindre à elle ; mais il faut reconnaître, qu'à son point de vue, l'Allemagne avait fait là un coup de maître, et c'est vraiment surprenant que, pendant la guerre russo-japonaise, elle ne nous ait pas attaqués. J'ai été le témoin attristé de la haine que le Japon voua à la Russie, haine qu'on inculquait aux enfants dans les écoles et qui enflammait les esprits patriotes et guerriers du peuple japonais.

Il y a quelques années, paraissaient en Allemagne les notes du capitaine japonais Sakurai, traduites par le major Shinzinger, ancien représentant de la maison Krupp à Tokio. C'est un tableau saisissant de la mentalité japonaise d'alors ! Laissons parler Sakurai. « Dans le deuxième mois de la 37e année de Meïji, les relations diplomatiques furent rompues entre le Japon et la Russie, et les hostilités s'engagèrent. Comme ce mot réconfortait nos cœurs ! Nous attendions impatiemment d'être envoyés au feu ! Combien de temps devrons-nous encore attendre ? Ah ! si l'ordre pouvait arriver immédiatement ! »

Lorsque Sakurai quitte sa famille, ses adieux n'ont rien de tragique : « Nos parents et amis s'assemblèrent autour de moi pour me féliciter : « Ne te préoccupe pas de notre sort, me dit mon père ; je suis parfaitement préparé à ta mort. En te signalant par ta valeur, tu honoreras plus encore notre nom ! »

Entre officiers et soldats règnent une parfaite concorde, une confiance mutuelle : « Au moment d'aller au feu pour combattre et ne jamais reculer, nous nous sentions unis comme les membres d'un même corps et on n'apercevait que des visages radieux. »

En Russie, le spectacle est tout autre. J'ai été aussi le témoin des scènes déchirantes qui se passaient dans les villes, dans les *isbas*, au départ d'un fils ou d'un mari, pour une guerre dont on ne comprenait ni la portée, ni le but, et faite à des milliers de kilomètres de distance !

Dans cette lutte funeste, l'Allemagne avait sa lourde part de responsabilités. Après son intervention en 1895, concomitamment avec la France et la Russie, et dont elle escomptait bien, pour cette dernière, le profond ressentiment du Japon, elle poussa sans cesse la Russie en Extrême-Orient. Dans les entrevues du Tsar et de l'empereur allemand, celui-ci avait toujours ouvert aux yeux du souverain russe les perspectives que pouvaient lui offrir ces immenses espaces ; l'Allemagne avait avivé les frictions si nombreuses entre le Japon et la Russie et obtenait, presque sur l'heure, un premier résultat en imposant au Cabinet Russe, à la faveur de la guerre russo-japonaise, un traité de commerce aussi avantageux pour l'Empire allemand que désavantageux pour la Russie, et dont l'expiration, le 31 décembre 1917, devait inciter Berlin à mettre tout en œuvre pour en obtenir le renouvellement, ainsi que le récent traité de paix le consacre. Pourtant, la *Gazette de la Bourse,* organe officieux, lançait, en mai 1904, en pleine guerre russo-japonaise, l'idée d'une entente particulière entre la Russie et l'Allemagne. Le 4 avril 1904, on pouvait lire, au lendemain de la catastrophe du *Petropavslovsk,* les lignes suivantes dans le *Journal de Saint-Pétersbourg,* qui représentait directement la pensée du Cabinet russe : « Nous soulignons avec un sentiment de cordiale satisfaction l'impression de tristesse et de martiale condoléance que l'on a aussitôt ressentie en Allemagne. L'opinion de Berlin a un poids particulier pour une société fortement imbue de sentiments militaires, telle qu'est la société russe. Les traditions guerrières ont toujours été en honneur chez nos voisins immédiats, et l'on aime assez à se remémorer sur les bords de la Sprée, aussi bien que sur ceux de la Néva, cette longue et durable confraternité de l'épée qui a été si longtemps sans nuage· Dès le début de la guerre avec le Japon, la rumeur publique parmi nous a toujours parlé des sympathies chevaleresques de ce bouillant empereur d'Allemagne, qui aurait été tenté un moment, disait-on, de nous offrir l'appui de ses cuirassés dans la mer Jaune. Nous ne saurions assez insister sur ce fait que la Russie n'a besoin d'aucune aide, si généreuse qu'en puisse être l'intention, et certes nul parmi nous ne doute de la force de notre pays et du succès final. Mais il reste toujours, après chaque élan généreux, comme une buée de sympathique souvenir et les paroles qui nous sont venues de Berlin, dans un moment de douleur immense, ne s'oublieront pas. » Et, pendant ce temps, de Vienne, on donnait à la *Novoie Vremia*, ces commentaires qui prouvaient à l'évidence que si l'amitié entre les cours russe et allemande se maintenait en apparence, le peuple allemand avait de tout autres sentiments : « Lorsque le télégraphe reproduisit le texte de la dépêche de condoléances adressée par Guillaume II au Tsar et dans laquelle il déclare que « le deuil de la Russie est aussi celui de l'Allemagne », la presse de Berlin et celle de Vienne ont protesté et déclaré que si on avait recours à un plébiscite, l'Empire allemand pourrait se convaincre que la grande majorité des Allemands souhaite la défaite et l'humiliation de la Russie. Et, en effet, lorsqu'au début de cette guerre, le journal viennois l'*Extra-blatt*, qui se publie pour les couches populaires, a ouvert un questionnaire pour établir quels étaient les partisans de la Russie et ceux du Japon, il en résulta que presque tous les Allemands votèrent pour le Japon, et les Slaves, pour la Russie, à l'exception toutefois des Polonais. »

Les résultats de cette malheureuse guerre se traduisirent, pour la France, par les affaires du Maroc, et par une extension notable de l'influence austro-allemande dans les Balkans. Mais ils se manifestèrent aussi par la révolution russe, que Lénine a ainsi jugée dans un article fort curieux publié en Suisse dans son journal et dont je me suis procuré la traduction : « La révolution russe de 1905, était au fond une révolution démocratique bourgeoise. Elle consistait dans une série de batailles que les éléments mécontents ont engagées contre pouvoir. Les masses incultes et ignorantes se livraient tout simplement au pillage, *d'autres travaillaient pour de l'argent japonais,* d'autres poursuivaient des buts purement égoïstes, mais tous ces efforts, travaillant contre le Tsarisme, ouvraient la voie à la victoire future du socialisme, et, pour cette raison, devaient être approuvés et soutenus par les chefs conscients du parti. »

Peu après, l'Austro-Allemagne, à la suite du grand succès commercial et de l'effet moral obtenus déjà par l'Empire allemand, triomphait de nouveau. Le comte de Pourtalès venait sommer le cabinet russe d'accepter sans délai l'annexion à l'Autriche de la Bosnie et de l'Herzégovine, et la Russie, encore affaiblie par la dernière guerre, s'inclinait...

Cependant, depuis des années, les entrevues entre les deux souverains russe et allemand se succédaient. A chacune de ces rencontres, Guillaume II exploitant, selon sa coutume la solidarité du principe monarchique, dirigeant contre la France des insinuations habilement venimeuses, — tactique suivie à la lettre par les agents allemands à l'étranger — cherchait à obtenir du Tsar quelque engagement visant la France ou l'Angleterre. Déjà à Bjoerkoe, en 1905, en pleine guerre russo-japonaise, il avait arraché à Nicolas II, ainsi que les bolcheviks Russes viennent de le révéler, un traité d'alliance contre l'Angleterre, que le Tsar, conscient du danger, répudia bientôt. A Potsdam, au lendemain même des affaires de Bosnie, l'Empereur de Russie consent à la reconnaissance du chemin de fer de Bagdad, qui, de l'aveu d'un diplomate allemand, « devait être appelé à porter un jour la guerre au cœur même de l'Empire colonial anglais ». Quand on a suivi, comme il m'a été donné de le faire, la formidable campagne de presse russe qui accueillit, au début de ce siècle, la nouvelle de la construction de cette ligne, l'exaspération avec laquelle elle la voyait s'exécuter, on ne pouvait s'empêcher d'avouer, que, malgré les concessions faites à la Russie en Perse, l'Allemagne obtenait un succès considérable !

Pourtant le monde intellectuel russe et la presse commençaient à ouvrir les yeux. Les humiliations continuelles qu'avait subies la Russie du fait de l'Allemagne, le réveil du monde Slave en Autriche-Hongrie et dans les Balkans, les difficultés commerciales entre les deux Empires, d'autres incidents secondaires, avaient fini par déchaîner, de part et d'autre, une violente campagne de presse. Le mécontentement s'avivait. Sous la signature du général major Keim, le *Tag*, organe officieux, écrivait, quelques jours à peine avant la guerre de 1914, ces lignes qui ont passé presque inaperçues en France : « La Russie est devenue notre ennemie acharnée, bien qu'en 1904 et en 1905, par notre attitude bienveillante, nous l'ayons préservée d'un effondrement intérieur et extérieur », et un échange de lettres, relaté également par le *Tag*, et intervenu entre le professeur Mitrofanoff et le professeur Delbrück, donnait sur les sentiments des sphères intellectuelles un aperçu significatif. Le professeur Mitrofanoff avouait : « On ne doit pas oublier que, depuis dix ans, l'opinion publique joue un tout autre rôle qu'auparavant. Dans l'âme et sur les lèvres de tous, on retrouve aujourd'hui une opinion défavorable aux Allemands et il me semble que rarement le sentiment public a été plus unanime. »

Et le professeur Delbrück de répondre : « Ces remarques nous démontrent que les Russes nous haïssent de prime abord dans notre nationalité, et ils nous déclarent la guerre lorsque nous ne leur permettons pas d'arracher aux Turcs les portes de la mer Noire, de séparer de l'Empire des Habsbourgs les rameaux Sud Slaves et de démembrer ainsi cet Empire. Si la Russie considère comme sa mission de dominer l'Europe et l'Asie, nous considérons, nous, que la tâche de l'Allemagne est de préserver l'Europe et l'Asie de cette domination éventuelle. Je n'ai pas d'autre réponse à faire à mon ami vénéré, le professeur Mitrofanoff ».

Quatre années bientôt ont passé depuis ces événements. J'ai interrogé des Russes bien placés pour être informés. Ils m'ont avoué que, dans les couches profondes de la Russie, parmi ces millions de paysans qui en forment la charpente et qui en seront l'avenir, la guerre de 1914 n'était pas populaire. Si les ligues Slavistes, si beaucoup d'intellectuels et d'officiers s'enthousiasmaient à l'idée d'aller combattre l'Allemagne, la grande majorité de la nation demeurait presque indifférente...

Dès le mois de février 1915, les premières

propositions de paix séparée de l'Allemagne parvenaient à Saint-Pétersbourg. Elles se renouvelèrent depuis avec une insistance croissante. Depuis la révolution je puis affirmer ce détail : *Environ 50 mille officiers ont été massacrés par leurs hommes.*

Qui peut dire quelle surprise nous réservera un avenir prochain, si, comme les événements actuels le font pressentir, l'Allemagne, se posant en restauratrice de l'ordre, rétablit à Petrograd un gouvernement monarchique ! Quel sort ferait-on aujourd'hui à Krijanitch qui, au XVIIe siècle, réclamait l'expulsion de Russie des Allemands et le réveil du monde Slave, et qu'un ordre du Tsar déporta, en 1661, à Tobolsk ? Les temps sont changés depuis la fameuse séance de la Chambre Badoise où, en 1846, le député Hecker s'écriait tout enflammé, ainsi que le rappelait Cyprien Robert dans son ouvrage sur le monde Slave : « *le Panslavisme grandit si rapidement qu'on peut craindre de le voir prendre bientôt dans le monde le rôle dominateur enlevé aux Romains et à la race germanique !* » Et Cyprien Robert observe : « Quelque exagération qu'il y ait dans ce discours, il n'en est pas moins singulier d'entendre de telles paroles tomber d'une tribune allemande. C'est une preuve des tristes pressentiments qui saisissent de toutes parts l'Allemagne ; le *démembrement de la Pologne accompli par ses rois la poursuit comme un remords sinistre !* »

Le prince Lichnowsky, ancien ambassadeur d'Allemagne à Londres, déclare dans le *Berliner Tageblatt :* « Notre réconciliation avec la Russie est absolument indispensable ! » Et M. Wladimir Gettlich, dont je vais dire un mot en terminant, cite du même diplomate ces paroles qui jettent un jour sur le fond même de la pensée allemande : « *Une Pologne forte et indépendante de l'Allemagne serait le plus grand empêchement à une entente russo-allemande, entente qui, pour la France et l'Angleterre, constituerait un péril mortel* ».

Dans le courant de l'année 1917, paraissait à Munich une brochure d'une portée capitale, écrite par le professeur F. Hänsch, qui appréciait ainsi la question de l'Ukraine : « Nous devons briser la menace formidable que représentent pour notre existence les tendances panslavistes en affaiblissant la propagatrice de ces idées, la grande Russie. Aussi longtemps que les peuples de Russie seront unis sous un gouvernement pensant et agissant d'après l'impulsion impérialiste — que son chef soit Nicolas ou Milioukoff — le danger Slave, semblable à une avalanche, grandira chaque année. Mais si la Russie est privée de sa région la plus riche et de la source effective de sa force, avec 30 millions d'âmes, le danger pour le « *Mittel europa* est définitivement écarté. » Le même auteur préconisait le rapprochement étroit du nouvel Etat avec les puissances de l'Europe centrale et une garantie sans conditions de leur part pour son existence. Voilà ce qui se publiait à Munich quelques mois avant les événements actuels, dans un cercle pangermaniste...

Les questions commerciales vont de nouveau, abstraction faite de tout autre point de vue, former entre les deux nations un lien *essentiel*. Le cadre restreint de cette lecture ne me permet pas de traiter aujourd'hui ce sujet. Après vous avoir exprimé, Messieurs, ma respectueuse gratitude pour l'attention que vous avez bien voulu m'accorder, je me reprocherais de clore cet entretien sans citer ici un fait qui illustre, entre tous, la mentalité allemande, ou, tout au moins celle de beaucoup d'Allemands, à l'égard des

Slaves. Je l'emprunte à une brochure parue récemment en Suisse, en langue allemande, sous la signature de M. Wladimir Gettlich, sujet Polonais, qui, après avoir servi, pendant deux années environ, comme capitaine, dans divers Etats-Majors autrichiens, passa à l'étranger et fit savoir aux autorités militaires Impériales qu'il se refusait à combattre pour la cause prussienne. M. Gettlich après avoir exposé l'assaut de la position d'Opole, près de Lublin, par les troupes austro-hongroises, le 29 août 1914, ajoute : « Comme alors la répartition du travail n'avait pas encore été faite dans les Etats-Majors, je reçus le lendemain matin... la mission de parcourir les lettres écrites pendant la nuit à leurs familles par des officiers de troupe, afin d'y supprimer les passages relatifs aux lieux de résidence des troupes et à leurs formations respectives. Les lettres adressées aux femmes et aux parents, après ce terrible baptême du feu, toutes sans exception sur un ton très grave et très loyal, pouvaient être considérées comme un témoignage certain de l'opinion régnante dans notre corps d'officiers.... Dans l'une de ces lettres, rédigée dans le plus pur allemand, je trouvai un passage que je reproduis textuellement : « Ce qui me tourmente le plus, c'est la pensée que je pourrais tomber ici et être enterré en cette terre slave. Mais toi, au moins, élève nos enfants dans la haine éternelle de tout ce qui est Slave. Que ce soit mon dernier legs, si je dois tomber. » C'est en ces termes, poursuit M. Gettlich, qu'écrivait à sa femme, le lieutenant de réserve Z, appartenant à un régiment tchèque, c'est-à-dire Slave, et qui était chargé de conduire au combat les Slaves d'Autriche contre les Slaves de Russie, pour le triomphe de la sainte cause allemande. »

Méditons sur le vœu ultime d'un allemand au moment d'exposer sa vie dans un combat : « Si je tombe, élève nos enfants dans la haine éternelle du Slave ! »

LES RELATIONS COMMERCIALES RUSSO-ALLEMANDES DU XIXe AU XXe SIÈCLE ET LE PROBLÈME AGRICOLE ALLEMAND

(7 décembre 1918)

Messieurs,

Au mois de mars dernier, j'eus l'honneur de traiter devant vous la question des relations politiques russo-allemandes depuis un siècle. J'aborde aujourd'hui leur côté commercial.

Elles sont très anciennes, les relations commerciales russo-allemandes. — Dans une publication parue l'année dernière à Berlin, sous la signature du D^r Gœtz, professeur à l'Université de Bonn, je trouve à ce sujet ces détails intéressants.

« Nous pouvons envisager la grande impor-
« tance du commerce russo-allemand, dans

« le passé comme dans l'avenir, par une ra-
« pide vue rétrospective sur l'histoire et la
« substance des traités de commerce entre les
« deux pays... Si nous faisons abstraction de
« deux traités de commerce russo-byzantins
« datant de la première moitié du xe siècle,
« l'Allemagne est le pays qui peut souligner les
« plus anciennes relations contractuelles de
« son commerce avec la Russie, traités qui
« se poursuivent exactement pendant une durée
« de 700 ans, de 1189, date du premier projet de
« traité de commerce russo-allemand, jusqu'en
« 1894-1904, date du dernier traité entre la
« Russie et l'Empire allemand (1). En 1189, 1259.
« 1268, 1269, des traités de commerce inter-
« viennent entre la hanse germanique et le dis-
« trict commercial de Novgorod, en 1229 et en
« 1250, entre cette même hanse et le district de
« la Duna. C'étaient principalement les Anglais
« qui, depuis l'ouverture de la navigation dans
« la région d'Archangelsk, en 1553, faisaient
« concurrence aux Allemands. Un envoyé an-
« glais qui voulait conclure un traité politique,
« et, en même temps, un traité de commerce

(1) Depuis, comme on le sait, les Soviets ont signé un
nouveau traité de commerce avec le Reich.

« avec Ivan le Cruel, demanda en 1583 des pri-
« vilèges commerciaux exclusifs pour ses com-
« patriotes. Les boyards, chargés de traiter au
« nom du Tsar, répondirent que celui-ci ne con-
« sentait à personne des droits exclusifs, que
« les ports russes étaient ouverts à tous les
« étrangers. Alors l'envoyé anglais Bowes
« s'écria : « Nous ne voulons pas de concur-
« rents. » Sur quoi les Russes répliquèrent
« qu'ils ne seraient jamais les valets des An-
« glais qu'on pouvait admettre en Russie
« comme marchands, mais non comme domi-
« nateurs. »

Les premières relations commerciales entre
le Brandebourg et la Russie remontent au début du XVIe siècle, et il est curieux, quand on
envisage les événements actuels, de constater
que la rivalité politique avec la Pologne déter-
mina, en 1516, le margrave et grand maître de
l'ordre teutonique, Albrecht, à rechercher un
lien commercial avec Moscou. Je voudrais me
livrer à une légère digression sur l'Ukraine,
qui suscite aujourd'hui tant de questions.

Dans un manuscrit du XVIIIe siècle, je retrou-
vais il y a quelque temps le passage suivant :
« Le pays habité par les Cosaques s'appelle
Ukraine qui veut dire frontière. L'Ukraine est

un pays très fertile, ainsi que la Russie et la Podolie. Et la terre, avec un peu de labour, produit tant de grains de toute sorte qu'ils ne savent qu'en faire, la plupart du temps leurs rivières n'étant point navigables. »

Ensuite, intervinrent jusqu'au XIXᵉ siècle une série de traités de commerce entre la Prusse et la Russie ; puis, au XIXᵉ en 1800, 1815, 1818, 1825, 1844, 1894, 1904.

Le Baron Marschall de Bieberstein disait au Reichstag, le 26 février 1894, pendant la discussion du nouveau traité de commerce russo-allemand : « Au cours des vingt dernières années, la Russie a élevé cinq fois son tarif douanier, et, dans ces surtaxes, les articles allemands subissent une foule d'augmentations parmi lesquelles intervint un tarif différentiel pour le charbon et le fer allemands. Nous avons réclamé ; nous avons, à maintes reprises, traité sans succès avec la Russie, et nous avons enfin élevé trois fois les droits sur les marchandises russes, en 1879, 1885 et 1887. » Il n'en est pas moins vrai que les agrariens allemands dont les prétentions ont été, comme nous le verrons ci-dessous, l'une des raisons de la guerre mondiale, au point de vue économique, réclamaient sans cesse des augmentations de droits sur les céréales russes. Il s'agissait pour eux de protéger la grande propriété foncière allemande, même au détriment de l'industrie. « Contre l'abaissement du tarif « allemand sur les céréales russes luttaient « surtout les représentants de l'agriculture de « l'Est de l'Elbe (1). »

De là un conflit très grave entre ceux-ci et la grande industrie, conflit qui mit souvent la couronne dans le plus cruel embarras et qui, avec le côté confessionnel, peut devenir demain l'une des raisons d'un mouvement séparatiste entre certaines régions occidentales allemandes et la Prusse pour qui ces régions n'ont aucune sympathie.

Sous l'empire du traité de commerce russo-allemand de 1894, les deux pays s'étaient fait sur de nombreux articles de légères concessions réciproques, contre lesquelles pourtant les agrariens allemands protestaient. L'exportation allemande en Russie doubla entre 1894 et 1903 et, dès cette époque, se plaçait au premier rang. C'était là, on le conçoit, un élément essentiel d'influence allemande en Russie. La France ne pouvait malheureusement pas lutter, notre commerce avec la Russie étant insignifiant en

(1) Brochure du D^r Gœtz citée ci-dessus.

regard du commerce allemand — et comme celui-ci se développait dans l'Empire des Tsars avec une progression énorme, il n'est pas surprenant que la question commerciale ait pris entre les deux pays une importance capitale. Enfin, le 28 juillet 1904, un traité complémentaire de commerce, qui devait expirer le 31 décembre 1917, fut conclu entre eux. S'il contenait certaines élévations de droits du côté russe, il est incontestable que, du côté allemand, et toujours pour satisfaire les agrariens tout-puissants auprès de l'Empereur, les droits sur de nombreux articles russes avaient été surélevés, ainsi sur le blé, l'avoine, les chevaux, le beurre, etc. Dans son ensemble, le traité était *nettement défavorable à la Russie.*

Le gouvernement prussien bénéficiait là encore de cette politique de duplicité qu'il avait toujours plus ou moins employée dans ses relations avec l'Empire russe. J'avais l'honneur de rappeler, dans ma lecture du 9 mars dernier, que le gouvernement allemand, que l'Empereur lui-même, avaient tout mis en œuvre pour pousser la Russie en Extrême-Orient afin d'avoir pleine liberté d'action en Europe. Dans un ouvrage paru cette année même sous la signature de M. Hammann, qui fut longtemps chef de la section de la presse au Ministère des Affaires étrangères à Berlin, et mêlé à tous les grands événements politiques, je trouve ces lignes qui sont un aveu : « Un autre motif dirigeant de l'intervention de l'Allemagne aux côtés de la Russie et de la France en 1895 (pour fruster le Japon du fruit de ses victoires), tendait à fortifier la Russie dans ses plans est asiatiques, ce qui lui rendait plus difficile le développement de ses plans panslavistes en Europe. »

Et encore : « Holstein (dont le rôle aux Affaires étrangères à Berlin est connu) avait alors la conviction que pour l'Allemagne, c'était la politique européenne qui demeurait la chose principale et non pas la politique mondiale, se tenant ainsi tout à fait dans le cadre de la tradition bismarckienne. »

Il fallait, en d'autres termes, détourner la Russie de l'Europe où l'Allemage voulait avoir carte blanche. Nous avons pu constater les effets pour la France et l'Europe de cette intervention de 1895. Parmi elles figure l'acceptation par la Russie du traité de commerce germano-russe de 1904. La Russie était alors en pleine guerre russo-japonaise conséquence directe de l'intervention de 1895. La tâche de l'Allemagne était donc aisée : elle pouvait imposer à la Russie des conditions onéreuses. Les Allemands le disaient alors eux-mêmes avec cynisme. notamment dans ce rapport présenté à la commission politico-commerciale de l'Union des industriels de Leipzig, le 11 septembre 1913 : « La Russie fut entraînée pendant les négociations (du traité de 1904) dans la guerre avec le Japon. Elle se trouvait, en outre, en présence d'une grave crise intérieure et ne pouvait certes accepter de porter une atteinte complète à son exportation de céréales par une guerre douanière. Elle accepta donc les hauts droits minima de l'Allemagne pour les céréales, et le traité fut conclu le 28 juillet 1904. » Il était impossible d'avouer plus clairement que la Russie avait subi là un grave échec économique. M. de Bulow, qui était alors au pouvoir, avait, en somme, voulu surtout protéger les agrariens allemands tout puissants dans l'Allemagne du Nord et auprès de l'Empereur.

Nonobstant cet accord nettement désavantageux pour l'empire russe, les relations commerciales russo-allemandes prirent, de 1904 à 1914, un développement formidable ; malgré l'aridité de la statistique, il est indispensable de présenter ici quelques chiffres et, pour cela, de jeter un coup d'œil en arrière. De 1846 à 1848, la moyenne annuelle des importations allemandes en Russie était de 20 millions de roubles, celles de Russie en Allemagne de 12 millions ; de 1896 à 1898, les importations allemandes dans l'Empire des Tsars passent à 190 millions de roubles, celles de Russie en Allemagne à près de 180 millions. De 1909 à 1912, le commerce spécial russo-allemand passe de 1.808 millions de marks à près de 2.207 millions, et, dans ces chiffres, les exportations russes en Allemagne étaient représentées par le chiffre imposant de 1.527 millions de marks, comprenant en majeure partie des céréales. En 1913, enfin, les exportations russes en Allemagne sont un peu inférieures. Elles n'atteignent que 1.424 millions de marks et les exportations allemandes en Russie, 880 millions. Est-il dans l'histoire commerciale de deux peuples un tableau plus éloquent ?

Il est vrai qu'en 1912, les produits de l'agriculture des Etats-Unis, qui passaient en Allemagne, représentaient un peu plus d'un milliard de marks et ceux du Canada 51 millions ; mais les produits agricoles russes n'en avaient pas moins une tendance marquée à augmenter. Dans son volume haineux contre la France et l'Angleterre, paru cette année même à Berlin, sous le titre : *Trois années de révolution mondiale*, M. Lensch, député social démocrate au Reichstag, établit qu'au cours des années qui ont précédé immédiatement la guerre, la Russie tirait, en moyenne d'Allemagne, 44 0/0 de son importation totale et lui envoyait 40 0/0 de son exportation !

Dès le courant de l'année 1913, un vif sentiment de mécontentement perce en Russie contre le traité de 1904. La presse russe rappelait que la Russie de 1914 était différente de celle de 1904.

Au congrès des exportateurs, à Kiew, en 1914, le mot de *Colonie allemande* était prononcé, en parlant de la Russie. C'était l'époque où les commissions financière et agricole de la Douma, siégeant ensemble, approuvaient à l'unanimité un projet de loi tendant à imposer une taxe de 30 kopeks par poud de farine ou de blé allemand entrant en Russie. Car, bien que pays importateur de blé par excellence, l'Allemagne, au moyen de primes d'exportation, s'était transformée en pays exportateur de céréales en Finlande et dans les provinces frontières de l'ouest de la Russie ; elle espérait ainsi y étendre son influence et faire au blé russe lui-même dans ces régions une concurrence victorieuse.

Depuis longtemps, l'Allemagne jetait ses vues sur les provinces baltiques russes et sur la Finlande ; les événements récents ne l'ont que trop prouvé. Lors de la discussion qui eut lieu, à cette époque, à la Douma d'Empire, le président de la commission agricole, M. Moussin Pouchkin, rappelait fort justement que les succès de l'agriculture allemande devaient être attribués surtout aux droits sur les céréales, spécialement contre la Russie et il ajoutait : « A la veille du *grand duel commercial*, des concessions, quelles qu'elles soient, sont impossibles. »

Des commissions s'organisaient de toutes parts en Russie en vue de la revision du traité de 1904 dans un sens moins désavantageux pour l'Empire, mais les Allemands paraissaient très rassurés. Avec leur jactance habituelle, ils déclaraient, ce qui était un peu vrai, que la Russie ne pouvait se passer de l'Allemagne. En tout cas, aussi bien en Allemagne qu'en Russie, on reconnaissait que les prochaines négociations commerciales entre les deux pays se heurteraient à des difficultés jusqu'alors inconnues. Telle était également l'opinion exprimée par le comte Witte dans une interview donnée au journal *Az Est.*

En même temps s'élevait en Allemagne une violente campagne de presse contre la Russie qu'on semblait vouloir intimider.

Cette campagne avait un caractère à la fois politique et économique. La presse russe répliquait en invoquant surtout la déloyauté de la politique allemande à l'égard de la Russie depuis dix ans. La presse allemande répondait en rappelant la neutralité bienveillante de l'Allemagne pendant la guerre russo-japonaise. Néanmoins le mot de « guerre » était prononcé et l'un des hommes les plus en vue, le prince de Schonaich Carolath, membre de la Chambre des seigneurs de Prusse, appréciait ainsi l'état des choses dans la *Zeit* de Vienne : « Si l'on envisage la forte campagne de presse actuelle, tant du côté russe que du côté allemand, on doit dire qu'il n'est en Russie ni en Allemagne, aucun homme politique avisé et sérieux qui ne souhaite ardemment que les bonnes relations entre les deux pays reprennent. Depuis 150 ans, existe entre

eux un lien d'amitié qui a revêtu par moments,
un caractère très cordial. La Russie et l'Allemagne ont toujours vécu en paix réciproque
depuis la guerre de sept ans... Une guerre
entre la Russie et l'Allemagne serait un grand
malheur auquel on peut à peine penser. Que
pourrait y gagner la Russie et que pourrait y
gagner l'Allemagne ? Rien. Après des combats
sanglants, la situation reviendrait comme
auparavant, et on se verrait forcé à une entente. » Ces paroles ont été prophétiques.

Cette question se liait à une autre non moins
importante, dans les rapports russo-allemands : celle de la venue annuelle d'ouvriers
agricoles russes ou slaves en Prusse. Par suite
de la transformation progressive de l'Allemagne de pays agricole en pays industriel,
les bras avaient fait défaut à l'agriculture. Le
commandant du premier corps d'armée prussien à Kœnigsberg lançait, le 28 février 1914,
cet ordre du jour : « L'émigration grandissante
« d'année en année de la population de la
« Prusse orientale vers les villes et vers les
« milieux industriels de l'ouest ne nuit pas
« seulement à la vie économique de notre pro-
« vince, elle rend aussi plus difficile la mobili-
« sation du corps d'armée en temps de guerre

« et elle devient ainsi un danger public que
« tous les officiers ont le devoir de combattre. »

La Prusse devait donc recourir chaque année à des ouvriers russes ou slaves. L'un de
mes amis, très informé sur les choses de
Russie, m'écrivait, au mois de décembre 1913,
qu'il en venait chaque année près de 600.000 en
Prusse. D'autres statistiques les évaluaient à
800.000 et M. Luio Brentano, Professeur à l'Université de Munich, dans une brochure très
documentée et dont je vais dire un mot,
évalue, de son côté, le chiffre de ces ouvriers
à 436.000, dont 286.000 venant de Russie,
130.000 d'Autriche et 20.000 environ d'autres
pays d'Europe, principalement de Hongrie,
des Pays-Bas et des régions Scandinaves, soit
436.000 environ — chiffre qui me paraît sensi-
blement inférieur à la réalité. « Le manque
d'ouvriers prussiens qui cause déjà de si gros
soucis à notre agriculture deviendrait une
calamité si la Russie interdisait l'émigration
ouvrière (1). »

L'empire russe menaçait l'Allemagne si
elle ne se montrait plus condescendante dans
la question des futurs tarifs sur les céréales et
si elle ne supprimait pas les primes d'expor-

(1) *Tag* du 20 février 1914 (article du professeur Metger).

tation, d'interdire aux ouvriers russes l'accès du sol allemand.

A la même époque, le professeur Conrad communiquait ses impressions aux *Jahrbücher fur Nationalöconomie und statistik* : « Il est incontestable que lors de l'explosion d'une guerre avec la Russie, nos propriétaires fonciers ne seront plus en mesure de réaliser l'ensemencement et encore beaucoup moins la récolte, et qu'il en résultera une suspension très préoccupante de toute la vie économique. Que la Russie possède de ce chef un avantage marqué, un moyen de pression sur nous lors de la conclusion des nouveaux traités de commerce, c'est l'évidence même. »

En même temps, la haute aristocratie et les agrariens, constatant que l'Allemagne importait chaque année pour près de trois milliards de marks de denrées alimentaires, sans parler du bétail vivant, déclaraient à l'Empereur que cette situation qui posait nettement la question du problème agricole, c'est-à-dire l'un des plus graves problèmes allemands pour le présent et l'avenir, constituait un danger immense en cas de guerre et qu'il fallait à tout prix obtenir par la force armée de nouveaux territoires agricoles.

Ces territoires, nous savons aujourd'hui quels ils étaient : à l'est, la Courlande, la Lithuanie, l'un des greniers de l'Europe, au moyen-âge, et les provinces Baltiques ; à l'ouest, une partie de nos admirables terres du nord de la France. Après ces annexions, que l'Allemagne escomptait avec tant d'assurance en 1914, elle se serait entourée de tarifs douaniers peut être encore plus élevés, au détriment même des classes ouvrières, qui auraient payé leurs denrées alimentaires plus cher ; mais la caste féodale, et les agrariens eussent été satisfaits ; l'Empire aurait pu, au point de vue agricole, se trouver presque indépendant de ses voisins et des nations agricoles d'outremer. Aussi peut-on affirmer que, parmi tous les buts de guerre allemands, la question du renouvellement du traité de commerce russo-allemand, et comme conséquence le problème agricole, demeurent l'une des raisons capitales du conflit de 1914. N'est-ce pas, d'ailleurs, en pleine guerre, que « la ligue des agriculteurs «, « la ligue des paysans allemands », « le groupement provisoire des associations chrétiennes des paysans allemands », et trois autres grandes assocations adressaient au chancelier de l'Empire un mémoire dans lequel figurent ces lignes : « L'Allemagne était, il y a un demi-siècle, un pays surtout agricole ; elle est devenue un pays surtout industriel ; or il convient à la bonne santé d'un Etat que l'équilibre soit établi entre ces deux productions ; donc l'Allemagne *doit, de toute nécessité, renforcer sa base agricole* ».

L'Allemagne redoutait que la rigueur du blocus ne lui permît pas de se ravitailler. Cette terreur perçait dans la *Gazette populaire de Leipzig*, le grand organe des masses socialistes du Nord peu avant 1914 : « Si la guerre éclate et si l'Angleterre, d'accord avec la France, réussit à entraver les arrivages de produits alimen taires par Brême et Hambourg, ce sera la famine. »

Pour de multiples raisons, le blocus n'a pu être effectif que très tard. Pendant la première année de la guerre, c'est de 25 à 30 trains par jour qui traversèrent le Simplon et le Gothard à destination de l'Allemagne, puis les Etats Scandinaves et la Hollande reçurent d'Amérique des denrées qu'ils réexpédièrent en Allemagne. Enfin une lettre saisie en août 1916 chez un agent de la centrale d'achats allemande de Bucarest disait : « Il était grand temps que notre organisation en Roumanie ait fait transporter les stocks d'ici en Allemagne, *et je n'exagère pas en affirmant que cette opération nous a préservés d'une paix honteuse.* »

Malgré toutes ces aides, que de plaintes en Allemagne sur la situation alimentaire, que de doléances, quels prodiges d'équilibre et d'esprit administratif n'a-t-il pas fallu — on doit le reconnaître — pour que l'Empire, avec la fermeture de la frontière russe, pût arriver à se ravitailler.

Et voici que le traité de Brest-Litowsk pose comme première condition le rétablissement du traité de commerce de 1904. L'Allemagne se fait céder la Courlande, ou essaie d'organiser un régime spécial pour les provinces Baltiques et la Lithuanie. Les préoccupations agricoles s'aggravent. Dans cet énorme dossier, détachons quelques feuillets. En septembre 1917, à l'Assemblée des agriculteurs allemands, le comte de Schwerin Putzor s'exprimait ainsi au sujet de l'après guerre : « J'estime que les offres d'emploi dans l'agriculture faites par nos nationaux ne suffiront pas. Comment trouverons-nous alors le supplément d'ouvriers nécessaire ? Il faudra combler les places libres avec des ouvriers slaves et nous devrons *marier* avec des allemandes les faucheurs polonais ou les prisonniers de guerre russes, ou les Serbes... qui sont actuellement chez nous, afin de les fixer sur notre sol. Ce sera regrettable au point de vue national... mais il faut que la terre allemande soit cultivée et travaillée, fût-ce par les slaves ». Et, de fait, il m'est revenu, d'une source digne de foi, que nombre de prisonniers russes appartenant à l'agriculture s'étaient depuis deux ans mariés en Prusse, soit de leur plein gré, soit sur les injonctions des autorités allemandes. Au commencement de cette année, le gouvernement allemand faisait transporter en Prusse trois cent mille habitants des territoires occupés de l'est. Il s'agissait, en effet, de suppléer aux bras que la guerre avait enlevés à l'agriculture. Quelques mois à peine après la signature du traité de Brest-Litowsk, les Allemands s'occupent déjà de la colonisation en Lithuanie et dans les provinces Baltiques. La Lithuanie n'a que 42 habitants par kilomètre carré, l'hectare de terre s'y vend 280 francs environ contre 1.450 ou 1.500 en Allemagne ; elle se prête donc merveilleusement à une immigration agricole.

Au début de cette année, les barons Baltes

consentent à mettre à la disposition de la *Société Courlandaise de colonisation* créée par les Allemands, 400 mille hectares de terrains cultivables. Ils devaient être répartis entre les colons allemands recrutés dans la Russie méridionale et en Allemagne même. Dans le même ordre d'idées, la *Gazette de Cologne* avançait en novembre 1917 : « Nous, Allemands, nous aurons en Lithuanie et en Courlande, où le besoin d'hommes se fait tant sentir, une colonisation, et ces pays seront *pour nous un grenier à blé dans les bons et les mauvais jours* ». Il était difficile d'exposer plus clairement de quelle manière l'Allemagne comptait parer pour le temps de paix et surtout pour le temps de guerre, à l'insuffisance de sa production agricole. Un trait, entre mille, donne d'ailleurs une idée de l'égoïsme des agrariens allemands qui s'efforçaient avant tout de sauvegarder leur prépotence. Au mois de mars 1917, M. d'Oldenbourg-Janischau un des représentants les plus notables des Junkers, déclarait à l'Assemblée générale des chambres d'agriculture de Prusse à Dantzig, en s'élevant contre les plans économiques de l'Office d'alimentation : Certes, notre cœur se meurtrit à nous, gens de la campagne, lorsque nous envisageons la misère des villes, mais nous ne sommes pas en état de leur porter secours, car on nous a lié les mains; nous devons, sur notre propre terre, défendre nos pommes de terre, le révolver à la main. »

Et M. d'Oldenbourg se vantait d'avoir réduit sur ses propriétés l'étendue des cultures de pommes de terre de 125 à 100 hectares, après avoir pris connaissance du nouveau plan de l'Office d'alimentation (1).

Mais voici que les espérances que l'Allemagne avait placées dans le concours agricole de la Russie, en 1918 et 1919, commencent à faiblir singulièrement, d'après ces indications contenues dans un document trop peu connu: l'importante brochure que le comte Robert Keyserlingh, ministérial-director à Berlin, a consacrée au printemps dernier, à l'agriculture allemande et au ravitaillement de l'après guerre: « La Russie qui, par sa réforme agraire, marchait dans la voie sûre d'une notable augmentation de la production, a été rejetée par la guerre et par ses désordres intérieurs d'une génération en arrière... Nous ne pouvons plus compter sur les mêmes importations en Alle-

(1) Cité par la *Gazette de Lausanne* (fin mars 1917).

magne qu'auparavant parce que, d'après toutes les nouvelles qui nous sont parvenues, l'abandon de l'agriculture a pris le caractère d'une catastrophe. »

Le comte Keyserlingh conclut, qu'aussitôt après la guerre, l'Allemagne ne pourra compter avec une certitude absolue que sur les importations roumaines, et, dans une mesure moindre, sur les importations de l'Argentine, et il laisse percer ses vives préoccupations. C'est donc de nouveau toute la question du problème agricole allemand qui va se poser à l'état aigu au lendemain de la guerre, d'autant plus que la libération de la Roumanie privera l'Allemagne d'un nouveau réservoir de céréales. Afin d'assurer l'alimentation, le comte Keyserlingh va jusqu'à préconiser le *monopole des céréales*. « Ce monopole fortifierait, en tous cas, notre situation au regard de l'étranger ».

Cette brochure se termine par cette considération peu réjouissante pour l'Allemagne : « Dans notre système budgétaire, les recettes provenant des droits de douane se placent depuis longtemps à la première place. Le chiffre en montait en 1913, à 270.862.000 marks, soit 31 0/0 du revenu total des douanes. Mais

cette source de revenus diminuera sensible-
ment après la guerre, parce que, ainsi que
nous l'avons dit antérieurement, nous ne
pourrons plus compter sur une importation de
céréales approchant de celle de l'avant guerre.
Quiconque examinera impartialement notre
situation financière après la guerre devra
reconnaître, même s'il appartient aux adversaires du principe des droits de douane, que
notre système fiscal ne peut se passer de
pareils droits et que nous serons forcés de
trouver une compensation au déchet qu'on en
attend ».

Ces lignes indiquent quelle ampleur prendra, aux yeux des allemands, au lendemain
même de la paix, la question du problème
agricole (1). Elle se posera comme l'un des
plus angoissants, l'un de ceux qui nécessite-
ront les mesures les plus difficiles et, en même
temps, les plus urgentes. Il y a quelques mois,
les Allemands comptaient encore beaucoup
sur le *Mittel Europa* pour leur procurer un
supplément de denrées alimentaires, mais
outre que cette combinaison rencontrait en
Autriche et surtout en Hongrie la plus vive

(1) Les évènements ont confirmé à la lettre ces pré-
visions.

opposition, on doit remarquer que M. Pistor, secrétaire de la Chambre de Commerce de Vienne, reconnaît que l'Autriche-Hongrie, par suite de l'augmentation de sa population, de l'extension de la grande propriété et de l'insuffisance des surfaces cultivables, a dû importer, dans ces dernières années, des quantités de plus en plus considérables de blé, de seigle, d'avoine et de maïs. Même constatation dans la brochure de M. Kranold sur *l'Union douanière et la politique agraire* : « La production agricole de l'Autriche-Hongrie n'est plus actuellement suffisante pour couvrir les propres besoins de l'économie ménagère. »

Le Mittel-Europa aurait-il donc été si profitable à l'Allemagne ?

M. Luio Brentano, professeur à l'Université de Munich, soulève à son tour la question du système économique allemand depuis 40 ans. Il préconise l'abandon complet de toute politique douanière agressive, telle que l'Allemagne la pratiquait jusqu'ici, et le retour à une autre méthode : « Même si notre propre sol pouvait pourvoir à tous nos besoins en céréales, il nous faudrait encore une importation plus grande d'engrais et de chevaux et un afflux plus grand encore d'ouvriers étrangers. Le danger qui nous menace d'être affamés n'a rien à voir avec le libre-échange ou le protectionnisme. Il réside dans ce fait que, de même que nous manquons de surfaces cultivables pour couvrir tous nos besoins en céréales, de même les engrais indispensables, les chevaux et les bras nous font également défaut. » M. Luio Brentano va jusqu'à avancer que la guerre actuelle n'aurait pas eu lieu si le système du libre échange avait été complètement appliqué et si, depuis 1870, le monde entier ne s'en était pas détourné de plus en plus. Il réclame donc le retour à ce système, « sinon la paix à venir ne sera qu'une pause jusqu'à ce que les adversaires d'aujourd'hui aient de nouveau rassemblé leurs forces. »

Quant à l'Allemagne, *et surtout pour elle*, il y a, dans ce raisonnement, une large part de vérité. Mais si elle renonce au protectionnisme agraire, c'est l'effondrement de tous les privilèges des grands propriétaires. Alors l'Allemagne et surtout la Prusse seront doublement contraintes de s'adresser aux ressources agricoles et ouvrières de la Russie et, en toute hypothèse, les relations économiques russo-allemandes prendront une importance de premier ordre.

La reconstitution d'une Pologne intégrale et indépendante ne sera pas moins funeste à l'agriculture allemande. Disons même que cette légitime reconstitution porte à la Prusse, économiquement et au point de vue alimentaire, un coup tel qu'elle peut l'empêcher pendant des générations de renouveler l'essai d'une guerre. Au cours du grand conflit, en effet, une partie notable du ravitaillement alimentaire allemand, et surtout prussien, lui est venu des provinces polonaises. Il y a quelques jours, un Français rapatrié de Pologne, où il a séjourné depuis 1915, me le confirmait en des termes précis.

La Pologne prussienne constituait en effet, pour toute la Prusse, un véritable grenier à blé. En Posnanie, près de 65 0/0 des terres sont labourables, 10 0/0 sont couvertes de prairies, 19 0/0 de forêts. Montesquieu ne disait-il pas déjà : « La Pologne n'a presque aucune des choses que nous appelons les effets mobiliers de l'univers, si ce n'est le blé de ses terres. » S'imagine-t-on ce que sera pour la Prusse une pareille perte ? Ne l'obligera-t-elle pas à concentrer tous ses efforts vers un rapprochement économique russo-allemand ?

En 1912, je séjournai à Varsovie. Au cours d'un entretien avec le représentant d'une importante maison de commerce allemande, j'eus la curiosité de lui demander combien, dans sa pensée, il y avait de voyageurs de commerce allemands en Russie : « Plus de trente mille, répliqua-t-il sans hésiter. » (Presque à la même époque, je donne ce détail incidemment, onze cents maisons allemandes étaient représentées en Danemark par des voyageurs de commerce contre 50 françaises et 100 anglaises). J'ai tenu depuis lors à faire une enquête spéciale sur l'exactitude de ce chiffre. Les personnes les plus compétentes m'ont affirmé qu'il n'avait rien d'exagéré. Nous opposions à cette masse formidable, à peine quelques centaines de voyageurs français.

Trente mille allemands, qui savaient presque tous le russe, alors que la plupart des commis-voyageurs anglais ou français ne le parlaient pas ; trente mille qui parcouraient l'immense empire en tous sens, autant de tentacules de la pieuvre commerciale ; trente mille qui savaient se faire patelins, conciliants pour circonvenir les Russes en leur accordant de longs crédits. Comment s'étonner que le commerce russo-allemand ait pris la formidable extension que je signalais au début de cette étude, et finissait par avoir sa répercussion politique. Ces trente mille, n'en doutons pas, nous les retrouverons après la guerre encore augmentés. Dans la lutte économique sans merci qui va s'engager, le commis-voyageur allemand ne sera ni le moins entreprenant, ni le moins habile, et comme l'Allemagne conservera, hélas ! une formidable supériorité de population, les avantages économiques qui en résulteront pour elle n'en seront que plus appréciables.

Lorsque dans la nuit du 1er au 2 août 1914, j'entendis retentir dans les rues de Paris l'hymne de Rouget de Lisle, revinrent à mon esprit ces paroles qui sonnaient comme une menace et qui m'avaient été dites, en septembre 1913 à Berlin : *Nous avons 70 millions d'habitants, vous en avez 38 ; c'est une situation qui ne pourra pas se prolonger indéfiniment.* C'est, en fin de compte, la supériorité de nombre du côté des armées ennemies jointe à la menace de disette alimentaire dans un délai de quelques mois, qui a forcé les empires centraux à capituler.

« La signature des préliminaires de la paix mettra fin au blocus qui nous sépare complètement du reste du monde. Nous recevrons de nouveau nourriture et matières premières (1). »

Ces doléances m'ont rappelé cette parole du maréchal de Moltke : « L'Empire Allemand tombera en ruines, sans même qu'un coup de fusil soit tiré, si l'agriculture allemande venait à être ébranlée ». Mais pour que la France puisse vraiment développer son action économique, il faut, de toute nécessité, que sa population se relève : notre commerce pourrait-il prendre la même ampleur que le commerce allemand si nous ne pouvions envoyer à l'étranger un nombre considérable de commis-voyageurs et de représentants de nos grandes maisons ?

Dans la Rome antique, le commerce était considéré comme une occupation d'esclaves ; les anciens Gaulois en avaient au contraire à un haut point le goût et le sens, puisque César dit dans ses « Commentaires » : *Deum maxime Galli Mercurium colunt.* Aujourd'hui, ce commerce deviendra le grand pivot

______

(1) *Berliner Tagblatt.* Décembre 1918.

des relations internationales. Il sera l'un des plus puissants facteurs de la Société des Nations. Ainsi se justifiera cette parole de Montesquieu : « Son principal effet est de porter à la paix. Deux nations qui négocient ensemble se rendent réciproquement dépendantes ».

Et Sedaine définissait le rôle du négociant : Ce n'est pas un peuple, ce n'est pas une nation qu'il sert ; il les sert toutes et en est servi : c'est l'homme de l'univers ! »

LA POLOGNE

au point de vue diplomatique et économique
dans le passé et le présent

(24 janvier 1920)

Messieurs,

Ce n'est pas sans émotion que j'ai l'honneur d'aborder ici cet entretien sur la Pologne, au lendemain de la résurrection glorieuse de ce pays, résurrection qui peut être considérée comme l'une des plus grandes victoires du droit et de la liberté.

Il est nécessaire de rappeler brièvement, au début de cette étude, l'évolution de la question polonaise depuis le XVIIIe siècle où se révèle véritablement la menace allemande. Le 22 janvier 1722, le roi Frédéric Guillaume donnait à son successeur ces instructions « Je demande, au nom de Dieu, à mon cher « successeur, de ne pas entreprendre une

8

« guerre injuste et de ne pas être l'agresseur,
« car Dieu a défendu les guerres injustes. Lisez
« l'histoire et vous verrez que les guerres in-
« justes ne se sont pas bien terminées ». Cette
adjuration saisissante, lorsqu'on la rapproche
des derniers événements, figure dans une
remarquable étude parue récemment à Berlin
sur *Les testaments politiques des Hohenzollern* (1). Et parlant de la Pologne, le roi
Frédéric-Guillaume 1er disait : « Il est bon
« d'entretenir une sincère amitié avec la Répu-
« blique de la Pologne, de lui témoigner de la
« confiance, de vous faire constamment un
« parti dans la Diète, afin que vous puissiez la
« *dissoudre*, si vous le jugez à propos pour
« votre intérêt. Vous devez travailler de toutes
« vos forces à ce que la Pologne reste une
« République, qu'elle ne possède jamais un roi
« *souverain, mais demeure continuellement*
« *une République libre* ». Or, en décembre
1731, Frédéric de Hohenzollern, le futur Frédéric II, fait à l'un de ses amis cette confidence :
« *Les terres prussiennes étant trop entre-*
« *coupées et séparées*, le meilleur projet que
« l'on puisse faire est de relier, de recoudre ces

(1) Par MM. Kuntzel et Hass.

« pièces détachées qui doivent évidemment
« appartenir aux parties que nous possédons
« déjà ; la Prusse polonaise doit donc nous
« revenir, d'autant qu'elle appartint au royaume
« de Prusse et n'en fut détachée que par les
« guerres des Polonais contre l'Ordre Teuto-
« nique. Ce pays étant acquis, non seulement
« un passage entièrement libre se trouve frayé
« entre la Poméranie et le royaume de Prusse,
« mais l'on *bride les Polonais* et l'on se met en
« situation de faire chez eux la loi, parce qu'ils
« ne peuvent tirer partie de leurs denrées
« qu'en les faisant descendre par la Vis-
« tule » (1).

Ainsi se trouvait, dès cette époque, posé tout
le problème ; mais cette lettre en soulève un
autre : la question du problème agricole allemand, que j'ai eu l'honneur de traiter ici
l'année dernière et qui surgit de nouveau
aujourd'hui au premier plan des préoccupations du « Reich » allemand.

Un curieux manuscrit du xviiie siècle, qui a
pour titre : *Idée de la République de Pologne
et de son état actuel* (2), contient ce passage :

(1) Cité dans la *Gazette de Lausanne*, par le général
du Moriez, 13 avril 1919.

(2) Bibliothèque Nationale, *Nouvelles acquisitions*,
Ms, n° 6531.

« La Pologne a intérêt, non seulement de ne
« point troubler, mais même d'entretenir le
« mauvais gouvernement que la domination
« turque a introduit tant en Moldavie qu'en
« Valaquie. Car s'il survenait jamais une
« guerre entre la République et la Porte,
« celle-là pourrait profiter, ainsi qu'elle l'a fait
« déjà plusieurs fois, de la disposition et de
« l'humeur du peuple des deux provinces en
« question : peuple perfide inconstant, qui
« laisse rarement échapper l'occasion de se
« soulever contre son maître. Le grand nombre
« tient ici pour maxime qu'une liaison avec la
« France ne saurait être que salutaire à la Ré-
« publique. Effectivement, on sent que nous
« pouvons mettre en sa faveur un poids consi-
« dérable dans la balance et que nous avons
« des raisons essentielles pour ne point souf-
« frir qu'elle soit subjuguée. Une autre maxime
« gravée dans les cœurs de la multitude est
« que cette même République doit cultiver,
« autant qu'elle le pourra, la bonne harmonie
« avec la maison d'Autriche, sans pourtant lui
« ouvrir jamais l'accès du trône ».

L'un des dogmes fondamentaux de la
Pologne, jusqu'à ces derniers temps, n'avait-
il pas été l'entente avec la France et l'amitié

cordiale avec l'Autriche qui, de son côté, favorisait au premier chef, les Polonais ?

Les partages se font. Mais comme on retrouve bien, dès cette époque, la politique à double face de l'Autriche. Le 30 octobre 1771, le prince Galitzin, envoyé de Russie à Vienne, avertit Panin que le prince de Kaunitz lui avait bien recommandé de cacher à la France et à l'Angleterre ce qui s'était dit entre eux, mais d'en faire part à la Prusse. Quelques mois après, en janvier 1772, Kaunitz insiste encore : « Il faut, leur cacher tout et les empêcher de « se mêler de cette affaire... » (1)

« Dans ce même mois, le prince Louis de « Rohan était arrivé à Vienne comme ambassa- « deur de France. C'était une mission d'appa- « rat, et l'ancien envoyé français, Durand, « demeurait seul chargé d'affaires... Il se « laissait tromper par les paroles mielleuses « du prince de Kaunitz... Un employé de l'am- « bassade, Bartle, alsacien et parlant l'Alle- « mand, entendit quelques mots qui lui firent « deviner les intentions des trois puissances « et il communiqua ses soupçons au prince de « Rohan... Celui-ci demanda quelques expli-

(1) *Constitutionnel* 27 octobre 1840.

« cations au chancelier... Il répond avec la plus
« grande candeur que jamais l'Impératrice ne
« souffrira que la balance du pouvoir soit
« détruite par un partage qui assurerait la pré-
« pondérance des Cours voisines... » Le prince
de Rohan écrit à Paris ; il y fait connaître ce
qui se passe, mais le duc d'Aiguillon lui répond sèchement : « tous vos rapports sont
« inexacts ; vos conjectures ne peuvent s'accor-
« der avec les déclarations positives du comte
« Mercy, ambassadeur autrichien, ni avec les
« promesses faites à M. Durand ». Et le prince
de Rohan relatait dans l'une de ses lettres :
« J'ai vu Marie-Thérèse pleurer à chaudes
« larmes sur les malheurs des Polonais
« asservis, mais cette princesse, consommée
« dans l'art de cacher sa pensée, a les larmes à
« ses ordres. D'une main, elle porte un mou-
« choir sur ses yeux pour essuyer les larmes
« qu'elle répand, de l'autre elle brandit l'épée
« qui doit partager la Pologne » (1).

C'est un continuel recommencement que la
politique Austro-Prussienne depuis 150 ans,
car il vous souvient qu'à la veille des événements de Bosnie et d'Herzégovine, en 1908,
à la veille de la guerre mondiale en 1914, l'Au-

(1) *Constitutionnel* 27 octobre 1840.

triche protestait de la pureté de ses intentions auprès de nos agents qui rapportaient, en toute simplicité, ce langage à Paris !

Vingt années après le premier partage de la Pologne une étude signée Chassériaux, présentée à la Convention et exposant les intérêts de la République française, contient ces réflexions dont on a pu vérifier, par la suite, la justesse (1) : « La Pologne n'est plus... pouvez-vous « calculer les suites de cet événement ? Qui « peut nous rassurer à présent contre l'ambi- « tion et les projets des puissances qui ont « envahi et se sont partagé son territoire... Ne « craignez-vous pas que l'Europe ne devienne « le vaste champ de l'ambition, ne soit livrée à « de longs déchirements et de cruels malheurs, « à une éternelle servitude ? Et quel moyen « trouvez-vous de vous en garantir, si une « nation inexpugnable par la nature de ses « limites, puissante par sa population et ses « moyens de défense, ne remplace dans le sys- « tème politique, le vide que laisse la destruc- tion de la malheureuse Pologne » ?

A la même époque, Parandier, agent français avise de Berlin notre Ministre des Affaires Extérieures : « que la Prusse est encore une

(1) *Arch. Nat.*, A. D., XV, 38.

« fois parfaitement d'accord avec la Russie
« et l'Autriche » (1). Parandier ne fait ainsi
que souligner la parfaite intimité de la Russie
et de la Prusse qui a pesé sur l'Europe pendant cent ans et que la question de la Pologne va resserrer encore au cours du siècle
suivant.

La question économique et celle des céréales
polonaises capitale pour la vie prussienne,
est déjà posée dans de nombreux manuscrits
de cette époque surtout dans cette note d'un
de nos agents à Leipsich, en date du 4 décembre 1795 : « Les Prussiens sont dans Var-
« sovie, les Autrichiens dans Cracovie. Forces,
« usines productions, céréales, voilà le résultat
« pour nos ennemis » (2).

Pourtant, lorsque les rois de Prusse et les
souverains d'Autriche faisaient un retour sur
eux-mêmes, le voisinage d'une Russie agrandie
et forte n'était pas sans les effrayer : ils se
sentaient honteux de l'acte de spoliation
qu'ils avaient commis. Le professeur Lammasch, dont les travaux très remarqués sont
fort connus des érudits cite, dans un récent

(1) *Archives Nationales* A. F. III, 74.
(2) *Idem.*

cent ouvrage, mentionné par le professeur Fœrster (1), l'extrait de cette lettre de Marie-Thérèse à son fils au lendemain du premier partage : « On voulait, agir à la prussienne, « et, en même temps, retenir les apparences « de l'honnêteté... Depuis mon malheureux « règne, nous avons tâché au moins de mar-« quer en tout une conduite vraie équitable « et de bonne foi... Cela nous attira la con-« fiance : j'ose même dire l'admiration de l'Eu-« rope... Depuis un an, tout cela est perdu... « J'avoue, j'ai peine à le soutenir, que rien au « monde ne m'a plus coûté que la perte de notre « renommée. Malheureusement, je dois avouer « vis-à-vis de vous que nous le méritons et que « c'est de là que je souhaite qu'on remédie, en « rejetant comme mauvais et ruineux tout prin-« cipe de profiter de ces troubles et qu'on déli-« bère comment sortir, au plus vite, de cette « malheureuse situation, et le moins mal, sans « penser à des acquisitions pour nous, mais « bien à rétablir notre crédit et notre bonne « foi, et, autant que cela se peut, la balance « politique ».

Et le professeur Fœrster, qui a fait preuve

(1) *Politische Ethik und Politische Pœdagogik* (1918).

pendant la guerre d'un grand courage, et déplorait de n'avoir pu entrer en contact avec les hommes politiques de l'Entente conclut de cette citation : « Combien il serait précieux « que de telles protestations pussent être en-« tendues dans nos Hautes écoles ! La cons-« cience des jeunes gens en serait profondé-« ment impressionnée, et quel contrepoids ne « créerait-on pas ainsi à la politique de pure « adoration du succès ! ».

Mais M. Fœrster ne se borne pas là ! Il a pris pour tâche de remettre en lumière les ouvrages trop oubliés de Constantin Frantz. Il rappelle. avec beaucoup d'à-propos que, dans son volume sur « Le Fédéralisme », paru en 1879, ce savant écrit : « On a fait de la province de Posen « une province prussienne, alors que sur la base « des promesses antérieures du gouvernement « prussien, elle devait être traitée comme un « État polonais placé sous la suzeraineté prus-« sienne, avec le titre de grand duché. Si on « eût vraiment agi de la sorte, les Polonais-« Russes y eussent vu un exemple de la ma-« nière dont ils auraient pu organiser leur vie « nationale sous le sceptre prussien. En se « plaçant ainsi vis-à-vis du polonisme dans une « position favorable, la Prusse se serait créé

« une arme morale contre la Russie, arme qui,
« le cas échéant, eût été pour elle de la plus
« grande importance. En faisant, au contraire,
« du grand·duché de Posen, une province prus-
« sienne, on a clairement montré aux Polonais-
« Russes ce qu'ils auraient éventuellement à
« attendre de la Prusse. Bien plus, par les
« essais de germanisation à Posen, on a pro-
« voqué la russification de la Pologne du Con-
« grès ; on est devenu le complice de la Russie
« et on s'est ainsi aliéné tout le Polonisme ».

Les pronostics de Constantin Frantz, tout au
moins en substance, se retrouvaient déjà sous
la Révolution française dans ce rapport du
citoyen Bonneau, consul général et chargé
d'affaires de la République en Pologne : « La
« Prusse, regrette la barrière qui la séparait
« de la Russie et tout indique qu'un arrange-
« ment qui lui rendrait cette, barrière, en lui
« procurant, d'un autre côté, des avantages
« réels, serait accueilli à Berlin » (1).

La Révolution française, absorbée par la
situation intérieure et la guerre étrangère
n'était pas en mesure de s'opposer au partage de la Pologne. Dès le commencement du

(1) A. N. A. F. III, 74.

xix⁰ siècle, la France s'enthousiasme pour la cause polonaise : notre politique étrangère est en partie, dominée par elle, mais notre désintéressement, notre ardeur pour une juste cause nous aliènent la Prusse, et surtout la Russie, et resserrent contre nous l'entente de ces deux Etats.

La politique incertaine de Napoléon au sujet de la Pologne lui attire, en grande partie, son conflit avec la Russie. Dans une étude parue, il y a deux ans, dans la *Friedenswarte* de Zurich M. Bark, cite cette lettre que cinq interprètes du parti militaire Prussien adressaient en 1814 à Hardenberg : en la lisant, on se croirait vraiment transporté aux plus sombres jours de 1914. Elle porte les signatures de *York, Bulow, Kleist, Gneisenau* et *Massenbach.*

« Pour des motifs militaires, la possession de la Saxe est une nécessité absolue pour la Prusse. Nous voulons maintenant recueillir les fruits de nos efforts. La Prusse doit, en *peu de temps, embrasser toute l'Allemagne et la moitié de l'Europe.* Et M. Bark continue ainsi : « Alexandre rêvait alors à des projets qui devaient faire le bonheur des Polonais dont Stein se promettait, au contraire, des troubles en Russie et des avantages pour la Prusse ». Pensée qui a bien souvent été, depuis lors, dans les desseins de la Prusse : susciter des embarras à la Russie, tout en la comblant de prévenances, de manière à obtenir le champ libre en Europe.

La Restauration. après mille difficultés, avait refait notre alliance avec la Russie pour le plus grand bien des deux pays. Mais voici que sombre la monarchie légitime. Tous les peuples se dressent pour la revendication de leur liberté. La Pologne se lève aussi et la France invite les cabinets étrangers à une intervention en sa faveur. Le comte Appony, ambassadeur d'Autriche à Paris, adresse le 10 août 1831 à Metternich, cette dépêche qui est inédite (1).

Paris, 10 août 1831.

Berichte aus frankreich, *fasc.* 396.
Appony an Metternich,

Mon prince ! J'ai l'honneur d'accuser à Votre Altesse la réception des dépêches qu'Elle m'a fait celui de m'adresser le 31 juillet, et qui

(1) Archives d'Etat à Vienne.

m'ont été remises le 6 août par le courrier de cabinet Steinl. Les ministres français ont été tous ces jours constamment occupés de la discussion de l'Adresse, et ce n'est que ce matin que j'ai pu voir le général Sébastiani pour lui communiquer la partie ostensible de mon expédition ; ce ne sera également que demain ou après-demain que je trouverai l'occasion de m'entretenir avec M. Casimir-Perier.

M. Sébastiani s'est borné à répondre à la la communication que je lui ai faite de la dépêche n° 1, concernant les affaires de la Pologne, qu'il aurait vivement désiré, dans l'intérêt du maintien de la paix et dans celui d'arrêter la propagation du fléau qui menaçait d'envahir toute l'Europe, que les grandes puissances eussent voulu se réunir à la France dans une démarche d'intervention et de médiation auprès de l'Empereur de Russie, pour parvenir à arranger, dans des voies de conciliation, ses différends avec le royaume de Pologne ; « dans la supposition, ajouta-t-il, où « les efforts des armées russes parviendraient « à écraser la Pologne, un pareil résultat ne « pourrait que fournir un nouvel aliment à « l'exaspération et à l'irritation des peuples ; et « dans celle où les Polonais remporteraient de

« nouveaux avantages, l'œuvre de la pacifica-
« tion polonaise n'en deviendrait que plus diffi-
« cile par les prétentions des vainqueurs et par
« l'humiliation des vaincus ».

J'ai répliqué à M. Sébastiani, que les vœux
de nos cabinets se rencontraient dans un
même objet, celui de la fin la plus prompte de
cette déplorable lutte ; mais que nous diffé-
rions essentiellement et dans le choix des
moyens à employer pour les voir réalisés, et
dans la manière dont nous envisagions la véritable position de cette affaire et la possibilité
d'y faire l'application du cas d'une *intervention*. La soumission des Polonais insurgés est
regardée par nous comme le seul moyen pratique d'arriver à une solution satisfaisante de
la question. Une intervention nous paraît inap-
plicable là, où, d'un côté, les Polonais ont déclaré la déchéance de la dynastie régnante et le
rétablissement des anciennes limites de 1772,
et où, de l'autre, l'Empereur de Russie n'a
jamais manifesté l'intention de vouloir en-
freindre les engagements que le Congrès de
Vienne lui a fait contracter au sujet du
royaume de Pologne. Une démarche d'intervention qui, ainsi que celle proposée par le
cabinet français, serait basée sur les stipula-

tions de l'acte du congrès de Vienne, ne pourrait être acceptée ni par les Polonais, parce que leurs prétentions outrepassent de beaucoup ce point de départ, ni par l'Empereur de Russie, parce qu'aucune violation des traités de sa part n'y ayant donné lieu, il est en droit de la repousser comme inutile et sans objet, à moins qu'il ne veuille se déclarer vaincu par ses sujets révoltés, et forcé par là à leur accorder les concessions demandées.

M. le Ministre des Affaires étrangères a fini par me dire qu'il s'était attendu à ce refus de notre part, et que le cabinet de Berlin avait répondu à la proposition française dans un sens entièrement conforme à celui dans lequel nous venions de nous expliquer.

Agréez, etc.

APPONY.

« Entretien avec M. de Sébastiani sur le projet d'une intervention dans les affaires de Pologne. — Accuse la réception des dépêches du 31 juillet. »

Ces affirmations bruyantes de l'Autriche n'empêchaient pas Metternich de s'en ouvrir dans un tout autre sens, à notre représentant à Vienne, car la politique de Metternich était toujours à double face : « Celui-ci regrette comme nous que le partage de 1772 ait eu lieu, mandait le Maréchal Maison à Sébastiani, le 3 octobre 1831 (1) et il m'a répété que l'Impératrice Marie-Thérèse avait été contrainte d'accepter une part dans ce partage pour éviter de plus grands maux, mais il n'en regarde pas moins les stipulations de cette époque comme désavantageuses à la monarchie Autrichienne. J'ai vu clairement que sa politique était de ménager la Pologne ».

L'Autriche commençait à comprendre que, par la disparition de la Pologne comme Etat souverain, elle avait perdu un précieux rempart entre elle et la Russie grandissante, et ses hommes d'Etat le déploraient intérieurement à l'heure où se percevaient, les premières aspirations des nationalités slaves de la monarchie dualiste.

Mais peu avant ces déclarations, l'Autriche en faisait de différentes à la Russie : « Depuis le commencement de l'insurrection de Pologne, l'Autriche a tenu envers nous et envers les Polonais un langage si correct, elle nous a rendu et nous rend encore des services si essentiels que nous ne saurions un seul instant

(1) Affaires Etrangères, fs Autriche.

douter de sa bonne foi, ni de son sincère désir de voir les affaires Polonaises terminées d'une manière conforme à la dignité de l'Empereur et à l'honneur de la Russie » (1).

Pour expliquer les volte-faces de l'Autriche, il suffisait de se reporter aux évènements de 1830 en France.

Quant à la Prusse, elle saisissait avec empressement le prétexte Polonais pour se rapprocher de la Russie. Ecoutons le langage des agents Bavarois : « Les agitations auxquelles le gouvernement français est sans cesse livré, les principes qu'il manifeste, les discours que ses ministres se permettent pour flatter l'opinion dominante, ne peuvent que blesser et inquiéter les autres cabinets. L'affaire de Pologne terminée donnera une grande consistance à l'alliance des trois grandes Cours continentales » (2).

Pendant que parlait ainsi de Bray, agent bavarois à Vienne, Pozzo, ambassadeur russe à Paris écrivait, de son côté, le 25 octobre-6 novembre 1831, à Nesselrode, après avoir longuement fait allusion à l'agitation qui régnait en France et aux affaires de Pologne : « Il faut devant la

(1) Archives d'Etat Russes (Nesselrode à Pozzo).
(2) Archives de Bavière.

France une masse de forces immédiates propres à la contenir, et ce n'est que dans *l'ampliation de la monarchie Prussienne qu'on peut la retrouver* » (1).

Ainsi l'ambassadeur de Russie à Paris en était arrivé à former des vœux pour « l'ampliation de la monarchie Prussienne ! » Telle est la preuve d'une intimité qu'aucun de nos gouvernements ne paraît avoir bien comprise pendant un siècle !

Les sympathies enthousiastes qui se produisent en France sous Louis-Philippe pour la Pologne nous aliénent chaque jour davantage la Cour Russe. « Deux circonstances ont encore contribuer à envenimer les relations déjà très âpres des gouvernements Russe et Français. Votre Excellence aura, sans doute, remarqué le paragraphe au sujet de la nationalité Polonaise, inséré dans l'adresse des Chambres françaises. L'inconvenance habituelle de ces vœux a pris, cette fois, un caractère officiel par la participation inconcevable d'un ministre du cabinet français ; aussi M. de Medem n'a pas tardé à recevoir sur cet acte d'hostilité flagrante des observations qu'on me dit très vives, et qu'il a été chargé de commu-

(1) Archives d'Etat Russes.

niquer sans réserve au gouvernement des Tuileries » (1).

D'ailleurs, à cette même époque, les affaires de Pologne avaient pour effet de surexciter encore l'animosité du Tsar contre le catholicisme : « Quant au catholicisme pur, l'Empereur de Russie l'accuse d'être entaché de libéralisme. L'enseignement du clergé belge modelé sur les doctrines de l'abbé de Lamennais lui fait horreur et il en redoute d'autant mieux les effets qu'il attribue, en majeure partie, la révolution de la Pologne à l'influence du clergé catholique dans ce pays » (2).

La susceptibilité du Tsar était alors telle que son hostilité englobait la Belgique qu'il accusait de sympathies trop vives pour les Polonais. Voici un extrait de la dépêche, dont la valeur se mesure par les circonstances actuelles, adressée le 24 juillet 1840 par le Ministre des Affaires étrangères Belge au Ministre de Belgique à Vienne (3) : « Je veux aujourd'hui vous communiquer quelques considérations nouvelles à propos de l'attitude que garde la

(1) Archives d'Etat à Turin. Le comte Rossi, agent Sarde en Russie, à son gouvernement 27 février 1840.
(2) *Idem.* Le conte Rossi à son gouvernement.
(3) Archives des Affaires Etrangères Belges.

Russie à notre égard. Le prince de Metternich ne vous a pas caché qu'il y avait, dans cette attitude, bien des choses *qu'il ne comprenait pas, parce qu'elles étaient sans antécédent...* La Belgique n'est point une puissance de premier ordre ; mais, par sa position géographique, par la fertilité de son sol, par l'état avancé de son industrie, par ses moyens militaires, par ses richesses, ses ressources de tout genre, elle n'est pas, à coup sûr, de ces États qui, dans leurs alliances empruntent tout et ne donnent en échange presque rien. La Belgique, si sa neutralité devenait une *lettre morte*, serait pour une puissance belligérante, un auxiliaire d'une haute importance.

Or, que fait la Russie ? En dépit des exemples de modération, de sagesse, qu'elle reçoit de l'Autriche et de la Prusse, elle s'éloigne de nous, nous poussant ainsi, autant qu'il est en elle de le faire, dans des voies exclusives ; par la froideur qu'elle affiche, elle nous excite, en quelque sorte, à manquer au rôle que nous assignent les traités qu'elle-même a signés ; elle agit, en un mot, comme s'il lui était profitable de nous jeter dans les bras de nos voisins du Midi. Ce n'est point, par antipathie pour la Belgique comme État indépendant que le cabinet de Saint-Pétersbourg s'est posé de la sorte, c'est par le fait d'un incident particulier : l'admission dans notre armée d'un certain nombre d'officiers polonais et notamment du général Schrzynecki... En pareille circonstance, c'est l'intention qui constitue l'injure, et il est évident, aux yeux de tous, que le précédent Ministère, en autorisant le général Schrzynecki à revêtir l'uniforme belge n'a pas plus entendu offenser S. M. I. et R. que l'Empereur Alexandre n'avait voulu blesser Louis XVIII en offrant une haute position militaire à Carnot, régicide et proscrit ».

Les événements de 1863 vont raviver plus forte que jamais l'aversion de la cour Russe pour la France. Un extrait des mémoires du comte Karolyi, publié en 1914 dans la « *Deutsche Revue* », par le baron de Hengenmüller, met en lumière à cet égard, certains points essentiels.

Dans les fréquentes conversations que Bismarck eut alors avec le comte Karolyi représentant autrichien, il revenait toujours, de la manière la plus énergique, sur le fait que la Pologne constituait, pour la Prusse, *une question vitale* ; que celle-ci n'accepterait jamais son rétablissement, et que si la Russie ne pouvait pas en finir bientôt avec l'insurrection, la Prusse lui offrirait sa coopération militaire. Un projet de convention fut élaboré, à cet effet, par Gortschakoff et aussitôt signé par le comte d'Alvensleben, l'envoyé allemand à Pétersbourg.

On sait quelle émotion ce document produisit à Paris : « Les sympathies pour la Pologne, reposaient en France sur d'anciennes traditions. Maintenant les écluses étaient lâchées sous le couvert de la résurrection de la Sainte-Alliance, et la presse fulmina contre la Prusse comme elle avait, en 1859, fulminé contre nous ». (1)

Au moment même où la presse française formait pour la Pologne des vœux ardents, Napoléon III, profitait de la moindre occasion pour exprimer ses sympathies à la Prusse, par une de ces contradictions flagrantes dont il était coutumier. A la veille de Sadowa, il tenait à Goltz, ministre prussien à Paris, ce langage stupéfiant : « Dans une guerre entre la Prusse et l'Au- « triche, je garderai une absolue neutralité, « mais je n'ai pas besoin de vous dire de « quel côté sont mes sympathies. Je souhaite

(1) Mémoires du Comte Karolyi cités ci-dessus,

« vivement la réunion des duchés à la Prusse,
« car elle répond aux tendances de notre
« époque. Même si la lutte devait prendre des
« dimensions plus larges, je suis persuadé que
« je m'entendrais facilement avec la Prusse par
« suite de la grande concordance de nos inté-
« rêts. Cette concordance n'existe pas entre la
« France et l'Autriche ; aussi n'attachez aucune
« importance aux bruits des journaux sur un
« rapprochement entre Paris et Vienne... car
« c'est moi seul qui sais quelle doit être la poli-
« tique de la France ».

Disraeli, déclarait au ministre de Saxe à
Londres qui le mettait en garde contre l'éventualité d'un conflit : « Nous ne pouvons que
« nous réjouir qu'on nous laisse en paix. Nous
« nous taisons et nous regardons. Nous nous
« lavons les mains. L'Autriche a commis la
« faute de se mêler de la guerre Danoise...
« Habeat sibi ! Ce qui adviendra de l'Allemagne
« nous est indifférent... Nos principaux intérêts
« sont en Asie et non plus en Europe. Anvers
« est sur le continent peut-être le seul point
« qui nous préoccupe. Si la situation devient
« pour nous trop confuse, nous ouvrirons les
« écluses en Orient et nous donnerons la main
« à la Russie contre la France à Constantinople.

« Vous dites que la fièvre de non intervention
« est une maladie ! C'est possible ! Mais que
« voulez-vous, nous devons supporter cette ma-
« ladie comme on supporte la rougeole. Nous
« en mourrons difficilement. La mer est notre
« protection. Nos cuirassés et nos volontaires
« nous protégeront des invasions » (1).

Au lendemain de ces graves événements où
la politique de Napolésn III et celle de l'Angleterre se montrèrent, si imprévoyantes, le Tsar
vint à l'Exposition de 1867. J'ai déjà eu l'honneur de citer à l'Académie quelques pages iné-
dites des notes que m'a laissées Mme Chevandier de Valdrôme, femme de l'ancien Ministre
de l'Intérieur du cabinet Ollivier, décédée le
4 septembre 1901 ; je rappelle qu'elle était allemande, en relations suivies avec Bismarck,
mais aussi avec la Cour des Tuileries. J'ai retrouvé dans ses notes ce récit inédit de certaines
conversations du Tsar avec Napoléon III : « Le
« jour même de l'arrivée du Tsar à Paris, Napo-
« léon III mit la conversation sur la Pologne.
« Fort mécontent, Alexandre II dit à une per-
« sonnalité de l'entourage impérial : Si j'avais

(1) Documents cités par Hopf, dans son remarquable
ouvrage sur l'*Année 1866* (Hanovre 1906).

« pu prévoir un tel accueil, je me serais dis-
« pensé de venir ici... Tous les jours, l'Empe-
« reur Napoléon revenait sur ce sujet, dans ses
« entretiens avec Alexandre et il faut le con-
« fesser, avec un manque de tact qui n'était
« certes pas fait pour lui concilier le Tsar. Ren-
« contrant mon mari, le jour de son départ, il
« lui adressa ces paroles : « Quand vous verrez
« votre souverain, vous pourrez lui dire que
« je pars brouillé avec la France ».

Nous devions payer cher, en 1870, nos gé-
néreuses intentions polonaises.

« Grâce à la rapidité des victoires allemandes, les marches Polonaises se tinrent
tranquilles. Le soldat Polonais se battit bien
et mérita la reconnaissance de Bismarck.
Le problème Polonais était momentanément
écarté, par suite du cours des événements. Cet
état de choses subsista pendant le voyage à
Versailles de Mgr Ledochowski, archevêque
de Posen. La question Polonaise ne fut abordée
qu'incidemment et ce haut dignitaire ecclé-
siastique était très sympathique à Bismarck
parce qu'il avait confiance dans l'apaisement
de la Pologne et chercha à en persuader le
chancelier (1). » Mais c'était une lourde erreur.

(1) Bismarck und die Polnische Frage von Wendt,

La détente n'avait été qu'un feu de paille. Aussitôt après la guerre, Bismarck reprend la lutte anti Polonaise — surtout en Galicie, où la liberté des Polonais était la plus grande. Et lorspu'il entreprend le Kùltùrkampf, il le dirige aussi bien contre Rome que contre la Pologne Prussienne (1). Après la formation de la Triple Alliance des Empereurs, Bismarck reste persuadé que le point vulnérable en est à Vienne par suite de la question de Pologne (2). On pourrait, à cet égard, multiplier les citations pendant une période fort longue. Les frictions entre Vienne et Berlin furent incessantes. Nous en fûmes nous-mêmes maintes fois le spectateur.

Je dois ici me reporter à un ouvrage plein d'aperçus nouveaux dont j'avais déjà eu l'honneur de signaler à l'Académie le premier volume : la *Préface de la guerre mondiale* par Otto Hammann, ancien chef du bureau de la presse au Ministère des Affaires Etrangéres, à Berlin. Hammann rapporte qu'en 1892, Bismarck faisait publier ces lignes dans les *Nouvelles de Hambourg* : « La tension des rapports « entre Berlin et Pétersbourg est surtout la

(1) Bismarck und die Polnische Frage von Wendt.
(2) *Idem.*

« conséquence de la politique suivie, du côté
« prussien, sous l'influence du Centre : la pers-
« pective que des préparatifs pourraient être
« faits en vue d'amener un mouvement révolu-
« tionnaire dans la Pologne Russe, ne pourrait
« certes entraîner la confiance entre les deux
« Empires »......

« Non moins remarquable, était l'affirmation
« souvent émise par le prince de Bismarck,
« pendant sa retraite, que les Panslavistes
« n'étaient pas si dangereux, mais que les pires
« instigateurs de la guerre étaient les Polo-
« nais, les nihilistes, les Français. Le Polonais
« spécialement, avec sa haute culture et sa
« maîtrise dans l'art de jurer, rendait la presse
« Russe vacillante à l'égard de l'Allemagne ».

« Il est, en tout cas, exact que les fonction-
« naires et les journalistes polonais avaient
« une connaissance plus approfondie de la fai-
« blesse intérieure de la Russie et y plaçaient
« surtout leurs espérances d'avenir (1) ».

Hammann ne dissimule pas qu'au cours
du dernier quart de siècle, tous les efforts
de l'Allemagne ont tendu à se concilier la
Russie ; il montre à quel point l'alliance

(1) Hammann (ouvrage cité).

Anglo-Japonaise avait fortifié l'amitié Russo-Allemande, et il cite à propos de la Pologne et de l'Autriche un trait qu'on peut rapprocher des événements de la guerre mondiale. Bismarck, disait en 1883 : « Une guerre avec la « Russie qui nous obligerait à soutenir l'Au-« triche serait un malheur, car nous ne pour-« rions rien y gagner, même les frais de la « guerre. En cas de réussite, nous devrions « reconstituer la Pologne jusqu'à la Duna et au « Dniéper. Nous ne révolutionnerions certes « pas la Pologne, mais nous permettrions à « l'Autriche de placer un archiduc à la tête du « royaume de Pologne. Contre celui-ci, il se « formerait alors une nouvelle triplice des « empereurs ».

En octobre 1887, Bismarck fit à Crispi, alors son hôte à Friedrichsruhe, la suggestion suivante : « Si on aidait un peu la Pologne à se « relever, elle pourrait secouer le joug et « former un Etat indépendant sous un archiduc « autrichien ». Et trois ans plus tard, après son évincement, Bismarck disait à un journaliste Russe : « Si l'Allemagne avait le dessus « dans une guerre avec la Russie, elle devrait « s'annexer les Polonais dont nous avons ce-« pendant déjà un nombre suffisant ».

Au cours des circonstances tragiques que nous venons de traverser, certaines relations personnelles m'ont permis d'être au courant des tiraillements presque quotidiens, entre Vienne et Berlin à propos de l'éternelle question de Pologne. Les rapports entre les deux capitales n'ont jamais été bons pendant ces quatre années, mais si une question a pu aviver la haine austro-prussienne, ce fut bien celle de Pologne.

La défaite de la Russie avait posé ce problème exactement dans les termes où Hammann le posait, d'après les textes précédents. L'Autriche demandait la reconstitution du royaume de Pologne, avec un archiduc à sa tête. Berlin refusait violemment. Berlin n'acceptait même pas la formation d'un royaume autrichien de Pologne, sans les provinces prussiennes polonaises. Un familier de la Cour de Vienne faisait part à un ami, de ces considérations au cours de l'année 1917 : « Cette « affaire de Pologne tourne maintenant non « plus à la discussion entre les deux Empires « Centraux, *mais à l'altercation la plus vio-* « *lente* : ce serait un bien beau terrain d'action « pour les nations de l'Entente, si elles le « voulaient ».

Ce n'est pas seulement au point de vue politique que la Prusse sentait l'urgente nécessité de s'opposer ne fût-ce qu'à une apparence de reconstitution de la Pologne. Le problème purement économique ne la préoccupait pas moins.

De tout temps, l'extraordinaire fertilité de la Pologne est signalée par les historiens. Ils la qualifient : un grenier de céréales. Les documents les plus précis publiés à l'époque des partages et dont j'ai pu, avant la guerre, prendre connaissance à Berlin, montrent le sol prussien de l'est déshérité de la nature, et la Prusse aspirant à obtenir de meilleures terres.

La Pologne lui était d'une inestimable ressource. Dans un mémoire rédigé à cette époque, par un de nos compatriotes, Henri la Salle, et reçu le 5 germinal, an IV, il constate que : « Presque toute la cavalerie prus-« sienne est montée sur des chevaux polo-« nais ».

Pendant la guerre de 1914, que n'a pas tiré la Prusse de la Pologne ! A quel point le ravitaillement polonais l'a aidé, on ne le saura que plus tard, quand on se rendra enfin compte de l'importance du problème agricole allemand qui aurait pu mettre fin à la guerre en 18 mois ou 2 ans, si les alliés en avaient tiré un réel parti ! Et pourtant, le manque d'ouvriers agricoles Russes et Polonais, par suite de l'enrôlement de ces derniers, a causé à la Prusse, pendant toute la guerre, un tel préjudice, qu'un des spécialistes allemands des questions agricoles, le professeur Œrebœ, n'hésitait pas, avec une franchise peu allemande, à avouer en 1919 : « *Le manque de forces ouvrières à la campagne est, en fin de compte, ce qui nous a jetés, pendant cette guerre, dans toutes nos difficultés alimentaires et nous aurions subi un effondrement sans pareil, si nous n'avions pas fait plusieurs centaines de milliers de prisonniers étrangers* ».

L'année dernière, à pareille époque, traitant, dans cette même enceinte, de la question des relations économiques Russo-Allemandes, j'avais l'honneur de vous dire : « La reconsti-
« tution d'une Pologne intégrale et indépen-
« dante ne sera pas moins funeste à l'agricul-
« ture allemande. Disons même que cette légi-
« time reconstitution porte à la Prusse, écono-

« miquement et au point de vue alimentaire
« surtout, un coup tel, qu'elle peut l'empêcher
« pendant des générations, de renouveler
« l'essai d'une guerre. Au cours du grand con-
« flit, en effet, une partie notable du ravitaille-
« ment alimentaire allemand et surtout prus-
« sien lui est venu des provinces polonaises.
« Montesquieu disait déjà : La Pologne n'a
« presque aucune des choses que nous appe'
« lons les effets mobiliers de l'univers, si ce
« n'est le blé de ses terres ». Dans les publications qui ont paru en Allemagne, pendant
ces derniers temps, sur cette grave question,
il n'en est pas une qui ne contienne, tout au
moins en substance, des réflexions analogues.
La Nouvelle Gazette de Zurich, toujours bien
informée des choses allemandes, soutenait
précisément cette même thèse au mois de
février dernier : « Le sol allemand était
« [avant la guerre] devenu trop petit pour
« l'entretien alimentaire de la population crois-
« sante... Et les circonstances s'aggraveront
« encore beaucoup dans l'avenir, puisque les
« districts si importants de l'Est, qui produisent bien plus que leurs besoins, seront
« perdus pour l'Allemagne. La dépendance de
« l'étranger ne pourra donc pas être supprimée

« et on fera déjà beaucoup si on peut l'atté-
« nuer ».

A la fin de l'année 1915 — j'emprunte ce détail aux brochures documentées publiées en
Suisse par M. Wladimir Gettlich (capitaine
Ordon) et auxquelles j'ai déjà fait allusion ici —
la Chambre de Commerce du district d'Oppeln, au nom de l'union des Chambres commerciales et industrielles de la Haute-Silésie,
a fait parvenir aux grands dignitaires allemands, entre autres au Chancelier et au général Beseler, à titre confidentiel, un mémoire
sur les dangers que *présenterait pour l'Allemagne une Pologne indépendante*. A la
page 79 de ce mémoire, figure ce passage qui
mérite d'être intégralement rapporté : « De
« toutes les mines et gisementsfort riches qui,
« malheureusement, se trouvent dans la zone
« d'occupation autrichienne, même la plus
« petite partie ne saurait rester en la posses-
« sion définitive de l'Autriche, car, en ce cas,
« la dépendance économique de celle-ci à
« l'égard de l'Allemagne serait difficile à
« réaliser. Toute la Pologne, séparée de la
« Russie, doit être soumise à l'hégémonie
« allemande et, en qualité de débouché exclusi-
« vement allemand, être gouvernée comme

« l'étaient les provinces de l'Empire Ro-
« main ».

La constitution d'une Pologne une et indépendante, portant à la Prusse un coup terrible, est donc l'un des résultats les plus heu-
reux de la grande guerre, quelle que soit
l'hostilité que la Pologne ait pu rencontrer
dans certains milieux internationaux. Mais
pour qu'elle puisse vivre, il faut qu'elle s'appuie sur un groupement compact à l'Est et
fasse enfin taire des rivalités séculaires ! En-
serrée entre deux grands Etats qui lui sont
nettement hostiles, comment ne chercherait-
elle pas à s'étayer sur les nationalités voisines
et sur les Etats allogènes de la Russie ? Dans
une lettre adressée récemment par un membre
du haut commerce allemand à une personnalité Russe, du parti conservateur, on peut
lire : « Sachons attendre ; l'unité de l'Alle-
« magne est heureusement en train de se re-
« faire, puisque les Alliés n'ont pas su l'empê-
« cher. Dans une quinzaine d'années lorsque
« nos deux pays seront reconstitués, nous
« briserons cet affreux voisin (*sic*), la Polo-
« gne unifiée. Nous avons les mêmes intérêts
« contre elle. Nous saurons les faire valoir ;
« mais, pour cela, il faut *que la Russie reste*

« *unifiée*, car si elle venait à être fédéralisée, « nos atouts ne seraient plus les mêmes ». Ces paroles ne mettent-elles pas en pleine évidence le fond même de la politique prussienne qui tend tout à la fois à l'unification de l'Allemagne et à l'unification de la Russie, et peut-on vraiment étudier et élucider ces graves problèmes si l'on ne recourt pas aux éléments fondamentaux que nous fournit l'Histoire !

Dans un mémoire présenté en 1814 à l'empereur Alexandre, Pozzo di Borgo remarque que : « La destruction de la Pologne comme « nation, forme presque toute l'histoire moderne de la Russie ».

A ce cri de guerre, Adam Mickiewicz répondait, en 1844, dans la chaire Slave de Paris : « Nous qui sommes de ce peuple qui se consume dans la lutte contre la Russie, nous qui « continuons ces générations dont le poète « Garcynski a dit « qu'elles descendent les « unes après les autres, comme des victimes, « dans une fournaise ardente », nous avons eu « le courage de proclamer que nous n'avons « pas de haine pour la Russie. La Russie a « besoin de nous ; la Russie ne pourra jamais « secouer son joug sans la Pologne ; la Pologne et la Russie ont besoin de la Bohême,

« et nous tous, nous avons un besoin impérieux
« de la France » (1).

Appuyée sur la France et l'Entente, et sur les
nationalités allogènes de la Russie, la Pologne
vivra. Elle vivra parce qu'elle constitue un des
éléments essentiels de l'équilibre européen ;
elle vivra parce qu'elle représente un facteur
dont la disparition entraînerait une perturba-
tion générale ; elle vivra surtout, parce que si
jamais une Allemagne victorieuse dominait de
nouveau à Varsovie ou à Posen, Thémis pourrait alors se voiler pour toujours la face : ce
serait le règne de la force triomphante sur le
droit à jamais désarmé !

(1) Cité par Ladislas Mickiewicz, *Histoire populaire
de la Pologne, par* ADAM MICKIEWICZ.

L'ÉVOLUTION
DE LA POLITIQUE RUSSE
DU XIXᵉ AU XXᵉ SIÈCLE

(19 mars 1921)

MESSIEURS,

Lorsqu'on veut étudier l'évolution de la politique Russe depuis environ un siècle, c'est aux années 1807 à 1813 qu'il faut remonter. La lutte contre Napoléon, marque la soudure entre la Russie et la Prusse, entre la Russie et l'Autriche.

Aussi loin que nous consultons l'Histoire, l'Allemagne y apparaît comme la véritable éducatrice de la Russie.

En 959, la veuve du grand prince Igor, Olga, s'adresse à l'Empereur Otto Iᵉʳ pour lui demander un évêque et des prêtres. Otto Iᵉʳ avait répondu à cette demande et, à Noël 959, le moine Libertius, du monastère de Saint-Albans, est sacré à Francfort évêque du peuple

Russe ; mais comme il mourut pendant les préparatifs, on désigna, à sa place, le moine Adalbert, de l'abbaye de Saint-Maximin, près de Trèves (1). Ainsi, dès le xe siècle, les rapports Russo-Allemands s'établissent sur une base religieuse.

Entrons dans l'objet même de cette étude : le xixe siècle.

On doit cette justice à la Restauration que son plus ardent désir avait été de rapprocher la Russie de la France. La grande situation personnelle des Ambassadeurs envoyés en Russie, le prestige dont ils jouissaient, tout contribue à leur donner à la Cour de Russie une situation exceptionnelle. Le Tsar les traite avec une familiarité marquée ; il interpellait affectueusement notre ambassadeur : « Camarade Mortemart », l'entourant d'égards et de prévenances. « Entre nous, disait Nicolas Ier à Mortemart le 26 juillet 1829, les sentiments sont trop connus pour que les paroles aient besoin d'explication (2) ». Le Comte Pozzo di Borgo reflétait les sentiments de son souverain : au moment de l'expédition d'Alger, c'est de toutes

(1) *Historish-Politishe Blätter*, de Munich. (Article du professeur Seppelt, mai 1919).
(2) Aff. Etr. fs. Russie.

ses forces qu'il nous appuie : « Le plan en lui-
même devrait obtenir les suffrages de toute
l'Europe civilisée et commerçante ; mais V.
Exc. aura observé la désapprobation qu'il
rencontre à Vienne et à Londres, combien
la jalousie de conserver la piraterie et le soin
de ne rien faire qui puisse nuire à l'autorité du
Sultan ont prévalu dans ces deux cabinets
sur les principes d'humanité, de justice et d'intérêt général (1). »

Pendant ce temps, le Tsar ne manquait pas
une occasion de marquer sa méfiance envers l'Autriche. Quelques mois plus tard,
quel changement ! Le langage que, de 1830
à 1848, les souverains étrangers, les hommes
d'Etat, les diplomates tiennent sur nous est
nettement hostile ! Et pourtant le gouvernement français ne cessait de protester de son
désir de maintenir l'ordre, quelque débordé
qu'il se trouvât souvent par l'agitation per-
manente. Le Tsar traite nos Ministres « d'ul-
tra canailles » (2). Le comte Pozzo, agent Russe
à Paris, esi fort alarmé des mouvements révolutionnaires en Europe : « Cet état de choses

(1) Archives d'Etat Russes (Pozzo à Nesselrode, 13 février 1830).
(2) Archives d'Etat Russes.

ne peut durer sans nuire de la manière la plus fâcheuse au système général d'ordre que l'Europe a besoin de conserver et de fortifier. C'est une obligation que le salut commun impose aux souverains principaux qu'un arrangement en Allemagne plus conforme à la nature des choses qu'on veut faire prévaloir généralement, mais le moment de ce grand œuvre n'est pas encore arrivé. Peut-être qu'il ne se présentera qu'à la suite d'une guerre heureuse dont le fruit sera l'augmentation de la Prusse par la médiatisation de plus d'un de ces petits souverains et par l'assiette qu'on donnera à ceux qui resteront, en débarrassant les rouages de l'édifice général de cette Diète impuissante qui ne sert qu'à multiplier les actes de révolte et d'insubordination par l'impossibilité où elle est de les réprimer (1).

Toutes les sympathies de la Russie pour la Prusse se fortifient alors de son aversion pour la France. La crainte d'un renversement des trônes avait agi sur les puissances. Se sentant menacées elles se resserrent et font bloc.

Pendant que la Russie adoptait cette attitude, l'appréciation que donnaient sur sa si-

(1) Archives d'Etat Russes (Pozzo à Nesselrode, 25 octobre 1831).

tuation les représentants des gouvernements même absolutistes était très défavorable. Au premier rang de ces derniers il faut placer le chevalier de Kaisersfeld, représentant de l'Autriche en Russie. Il s'était livré à une longue étude de la situation intérieure Russe et en était sorti profondément désillusionné : « La violence, se manifeste en tout, même dans les choses de foi et de conscience. Tout l'art du gouvernement, en Russie, ne consiste que dans l'emploi de cette violence... ; l'homme, le comte de Ficquelmont l'a dit avec vérité, n'existe pas encore dans ce pays. Aussi qu'opère-t-elle, cette manière d'agir du gouvernement ? Elle tue dans le cœur des sujets tous les bons sentiments, elle rend les esprits et les âmes incapables d'élan, d'amour et de dévouement, elle donne seulement plus d'énergie aux sentiments égoïstes et personnels ; elle désenchante l'existence et ôte à la vie sociale sa plus belle valeur en ne lui laissant que le caractère d'une contrainte violente ; enfin, elle sème pour l'avenir les orages et les tempêtes (1) ! »

Quel tableau exact ! Metternich inscrivit, en marge de ce rapport ces mots : « *Cette fran-*

______

(1) Kaisersfeld à Metternich (Archives de Vienne).

chise fait honneur à M. de Kaisersfeld (1). »
Mais, bien avant ce dernier, un Français, Mercier, avait prédit les futures tempêtes de la
Russie. Ce prophète n'appartenait pas aux
milieux diplomatiques français. Il était — et
il m'est agréable de le dire dans cette enceinte
— membre de l'Institut de France. Le 14 pluviose an VII, Mercier remit au citoyen Rebwell
un mémoire dont je ne puis malheureusement,
faute de temps reproduire que cet extrait :
« Qu'on ne craigne rien de l'agrandissement
de cet Empire... Il s'écroulera sous son propre
poids et le moment de son triomphe pourra bien
être le signal de sa chute. Le rôle qui lui reste
à jouer comme puissance formidable ne sera
pas de longue durée... Nous pouvons espérer
les plus grands changements et ensuite voir
la Russie d'elle-même se révolutionner (2) ».

L'un des plus grands historiens Russes,
Karamsine, disait aussi : Rien ne varie dans
la politique et dans les vues de notre politique étrangère. Nous tâchons d'être partout
en paix et de faire nos acquisitions sans
guerre en nous tenant toujours sur la défen-
sive. Nous ne nous fions pas à l'amitié de ceux

(1) Archives d'Etat à Vienne.
(2) A. N. A. F. III, 79.

dont les intérêts ne sont pas d'accord avec les nôtres et nous ne perdons pas l'occasion de leur nuire sans violer ostensiblement les traités (1). »

Le chevalier de Kaisersfeld, dans ses comptes-rendus sévéres sur la situation intérieure Russe (alors qu'au contraire Metternich et lui flattaient publiquement la Russie) signalait fréquemment au chancelier autrichien, non seulement la vénalité et la corruption, mais encore les persécutions continuelles dirigées contre ceux qui ne pratiquaient pas le culte orthodoxe. Quel exposé édifiant ! Le langage du chevalier de Kaisersfeld avait aussi été tenu par le comte de Ficquelmont, qui longtemps représenta l'Autriche à Saint-Pétersbourg. Commentant les dépêches de ce dernier, lord Beauvale, agent anglais à Vienne, disait en mai 1839 à Palmerston (2) : « Le fait le plus remarquable peut-être de tout cela, c'est que le comte de Ficquelmont l'écrive, ce qui cause beaucoup de surprise au chancelier d'Etat. Cependant ses dépêches sont bien accueillies et leur exactitude admise... D'ailleurs,

(1) Cité par D. Urquhart, ancien diplomate à Constantinople. *La France devant les puissances,* 1840.
(2) Record Office. Londres.

M. de Tatischef (agent russe à Vienne), parle, entre amis, de manière à laisser entendre que sa Cour est bien telle que la dépeint M. de Ficquelmont ».

Gogol avait antérieurement convié l'illustre Pouchkine à une lecture de son œuvre admirable « *les Ames Mortes* » : « Je lui lisais, rapporte-t-il, les premiers chapitres de mon livre. Il s'apprêtait à rire, comme il le faisait toujours quand il entendait quelque chose de moi. Mais je le vis devenir soucieux ; son visage s'assombrit par degrés. Quand j'eus fini, il s'écria d'une voix accablée : « Dieu ! que notre Russie est triste » (1) !

Et quelques années plus tard, Taras Chevtchenko, le grand poète ukrainien, exhalait sa douleur et « des casemates de Pétersbourg et de la Sibérie, il envoyait ses appels désolés et ardents vers la patrie » (2).

Les événements de 1840 venaient de resserrer les rapports des trois Cours du Nord. Le Tsar ne manquait pas une occasion de marquer son hostilité à la France, et en quels termes ! Il

(1) Cité par le vicomte E. Melchior de Voguë. *Le Roman Russe.*

(2) Cité par le Comte Tyszkiewicz. *La littérature ukrainienne.*

suffit de parcourir ses instructions à ses agents, docilement formés à l'exemple du maître. Le baron Brunow, envoyé extraordinaire du Tsar à Londres, délégué en Angleterre pour négocier contre la France la convention du 15 juillet 1840, faisait tenir à Nesselrode le 17 juillet 1840, ces lignes cyniques (1) : « Le souvenir de cet événement restera profondément gravé dans l'esprit du Cabinet de Londres, comme de celui de Paris. De part et d'autre, il y aura de longs ressentiments et des griefs que rien ne pourra effacer. Les haines mutuelles seront d'autant plus profondes qu'elles resteront cachées et qu'elles devront se couvrir encore des dehors d'une trompeuse amitié. Les deux Cabinets, sans oser rompre ouvertement, en ressentiront doublement de la méfiance et je dirai du mépris l'un pour l'autre... Lord Palmerston n'oubliera jamais que MM. Thiers et Guizot ont ameuté contre lui son propre Cabinet. De leur côté, MM. Guizot et Thiers ne pardonneront jamais à Lord Palmerston de les avoir abandonnés, joués, humiliés — et ce qu'un français oublie moins facilement que tout le reste — de les avoir couverts de ridicule. »

(1) Archives d'Etat à Vienne.

La Russie et la Prusse étaient alors unies par les liens les plus intimes. Mais si, en France, les sentiments pour la Russie étaient plutôt réservés, un débordement de sympathies se manifestait pour la Prusse.

Pour elle, écrivains, hommes d'Etat, diplomates rivalisaient d'éloges. Renan, dans son admiration pour Berlin, faisant allusion plus tard à un séjour qu'il y fit à cette époque traduisait ainsi sa pensée (1) : « Cette Allemagne me ravit, moins *dans sa partie scientifique, que dans son esprit moral...* Tout ce que j'ai trouvé en Allemagne est pur, élevé, moral, beau, touchant... *La France me paraît de plus en plus un pays voué à la nullité pour le grand œuvre du renouvellement de la vie dans l'humanité* ».

Ce pays voué à la nullité, c'est celui qui 80 ans après s'est levé pour la défense du droit et de la liberté et qui a sauvé la civilisation menacée par la nation qui ravissait Renan !

Et comment répondait l'Allemagne à ces hommages ? Le Ministre de Bavière à Berlin avait l'habitude d'adresser, au début de chaque année, au roi de Bavière, un tableau d'ensemble des événements de l'année précédente.

(1) Souvenirs d'enfance et de jeunesse.

Au mois de janvier 1841, ce résumé devait revêtir un intérêt tout particulier, car nous étions au
lendemain de la crise où l'Europe entière s'était
liguée contre la France. Si je n'avais copié
moi-même la dépêche du Comte Lerchenfeld,
qui m'a été communiquée l'automne dernier
dans une ville de l'Allemagne du Sud, je me
serais permis d'en douter. J'en donne le texte
intégral (1) : « Remarquables sont les paroles
adressées par le roi de Prusse à Dresde au
prince de Metternich à la suite d'un long entretien : « Nous devons nous tenir la main
dans la main, à la tête de la défense de l'Allemagne et je compte pour cela sur vous, mon
Prince, et croyez-moi, je saurai vous y pousser, même s'il en résultait que je doive éveil-
ler votre jalousie.

« L'Allemagne, suivait avec un sens national
remarquable l'impulsion que la Prusse cherchait à lui donner. *Pas une voix ne s'éleva en
faveur de la France.* Les cabinets rivalisè-
rent en préparatifs prudents et assurés ; les
journaux de toutes les nuances s'unirent dans
le langage le plus digne et la chanson de
Becker, le *Libre Rhin*, retentit d'un bout de

____

(1) Archives d'Etat à Munich.

l'Allemagne à l'autre... La Bavière ne resta pas en arrière, dans cette circonstance, par ses sentiments en accord avec ceux de son roi Allemand, au cœur généreux, et de même que, d'un côté, les Etats voisins du Sud de l'Allemagne s'unirent plus étroitement et avec plus de confiance à la Bavière, de même les rapports entre la Prusse et la Bavière devinrent plus étroits et plus confiants. Ces rapports avaient, en 1838 et 1839, subi en Bavière une atteinte profonde, par suite des troubles religieux en Prusse et de l'attitude prise à cette occasion par les journaux bavarois. Lorsque je me reporte à l'opinion que je trouvai, en 1840, à mon arrivée à Berlin, lorsque je relis ce que signifiaient mes propres instructions sur nos rapports avec la Prusse, lorsque je pense comme même alors, le lien indissoluble du *Zollverein*, de l'organisation la plus bienfaisante pour toute l'Allemagne, était menacé dans son essence même, je puis à peine croire *que peu de mois suffirent pour modifier complètement ces rapports.* »

Ces paroles se passent de commentaires. Elles mettent tout à la fois en lumière le côté confessionnel et le côté politique. Elles semblent la confirmation des documents que j'avais eu, depuis quelques années, l'honneur de présenter ici à l'Académie.

La crise d'Orient de 1840 et les violentes excitations d'une grande partie de la presse française avaient donc soudé, plus que jamais, l'union des trois Cours du Nord et le Tsar faisait des vœux publics pour l'accentuation de l'unité allemande : « Je n'ai pu (1), qu'abonder dans le sens du Comte de Nesselrode en ce qui concerne la haute importance de l'union qui s'est montrée, à cette occasion, dans un jour si éclatant au sein de la Confédération, union forte et puissante, parce qu'elle repose sur un sentiment national, qui a absorbé tous les intérêts particuliers, union d'autant plus admirable qu'elle forme le contraste le plus frappant avec les déchirements intérieurs auxquels est livré le pays voisin. »

Vingt années passèrent ! Bismarck est alors ministre de Prusse en Russie. Son intimité avec le gouvernement Russe est grande et voici que, suivant l'exemple de Nesselrode, Gortschakoff formule des souhaits ardents pour la formation de l'unité allemande. Le 17 juin 1859, au plus fort des événements d'Ita-

(1) Archives d'Etat à Vienne : L'agent autrichien à Pétersbourg, à Metternich (14 déc. 1840).

lie, Bismarck rapporte au prince régent ces paroles du Tsar : « Lorsque je préconise pour la Prusse la direction de la politique allemande, je suis guidé par mes convictions politiques, mais aussi par les sentiments qui m'unissent personnellement au prince régent, à la famille royale et — dois-je le dire—à la Prusse. » Deux ans après, dans un entretien strictement confidentiel de Bismarck avec Gortschakoff, le prince dit avec conviction : « Nous souhaitons la force et l'unité de l'Allemagne. Nous en avons besoin pour notre propre politique. Notre meilleure amie en Allemagne est la Prusse et nous ne pouvons voir que d'un très bon œil que l'Allemagne se fortifie sous sa direction (1). » Enfin lorsqu'au mois d'avril 1862, Bismarck prend congé du Tsar, celui-ci lui exprime en termes émus, son profond regret de son départ et le charge instamment « d'affirmer au roi de Prusse que, dans toutes les circonstances, il est absolument décidé, non seulement à maintenir son intimité avec lui, à cause des liens du sang et des aspirations de son cœur, mais encore l'alliance la plus étroite avec la Prusse qui seule pou-

(1) Cité par L. Raschdaü. Documents allemands.

vait répondre aux intérêts de la Russie (1). »

La Prusse avait vraiment beau jeu pour former son unité. Ce n'est pas seulement la Russie qui l'appuyait, mais peut-on affirmer, toute l'Europe.

A la veille de Sadowa, Napoléon III comme on l'a vu plus haut, exprimait à Goltz, Ministre prussien à Paris, ses chaleureuses sympathies pour la Prusse ; Disraëli négligeait les avertissements du Ministre de Saxe à Londres formulés pourtant avec une rare précision (2) et Mazzini invitait, en ces termes, en 1861,, les Allemands à réaliser leur unité : « Abandonnez l'Empire d'Autriche à la condamnation que Dieu et les hommes ont formulée contre lui. Lavez du front de l'Allemagne, la souillure que l'Autriche y a laissée quand elle a montré à l'Europe les fils d'Hermann et de Luther en soldats du despotisme. Combattez pour le principe que chaque patrie appartient à son peuple. Laissez-nous achever notre unité et fondez la vôtre. *L'idée allemande et l'idée italienne se réuniront sur les Alpes libérées* (3). »

(1) L. Raschdau : Ouvrage cité.
(2) Cité par Hopf. *L'année 1866* (Documents allemands).
(3) *Unita Italiena.*

C'est à cette époque que Gortschakoff donna au comte Lambert, nommé gouverneur de la Pologne, ces instructions terribles (1) : « Ne reculez pas devant un baptême de sang. Il vous en faudra un, et plus vous le retardez, plus il devra être cruel pour faire son effet. Ne vous souciez pas trop de ce qu'en dira l'Europe. C'est là mon affaire à moi. Si l'agent diplomatique d'une Cour étrangère me faisait des observations à ce sujet, je saurais lui répondre sans emportement, mais d'une manière qui coupe court à toute conversation. »

Et encore : « Frappez un coup sec et écrasant ; on vous tâte le courage comme à un officier qui entre dans un corps. Souvenez-vous que, parmi les pierres qu'on jette à une idole, la première seule blesse le Dieu, la seconde ne frappe plus qu'un marbre déprécié. Nous ne brisons pas la statue de la justice ; mais nous la voilons jusqu'au moment où l'ordre sera définitivement rétabli. »

Gortschakoff, qui ne cessait de reprocher aux Polonais leur foi religieuse, s'en prenait au clergé catholique : à la lecture d'un article du journal *Le Monde*, la colère l'empêchait presque de s'exprimer.

(1) Cité par L. Raschdaü. Documents allemands.

Il montra à Bismarck une lettre qu'il adressait à son agent à Rome, Kisseleff, avec l'ordre de la communiquer au Saint-Siège. Il y était dit qu'à Varsovie, les Eglises sont dégradées, non pas par les troupes, mais par des démonstrations révolutionnaires sous les ordres du clergé et que si l'autorité papale se laisse entraîner jusqu'à se faire en Pologne la complice de la Révolution, elle ne peut réclamer de protection contre celle-ci en Italie. Le cardinal Antonelli avait protesté et répliqué verbalement qu'il appartenait au gouvernement Impérial de formuler des griefs contre tout prêtre qui commettait des fautes (1).

Gortschakoff en profitait de nouveau pour mettre la France en cause. Lorsqu'à l'automne de l'année 1861, Bismarck rentre à Saint-Pétersbourg, le Tsar l'accueille par ces mots : *Je pense qu'on ne me prend plus à Berlin pour un valet des Français*, et « on ne peut méconnaître en lui une hostilité irréductible contre Paris » (2).

Quelques semaines après Gortschakoff avait eu avec Bismarck un nouvel entretien. Celui-ci

(1) L. Raschdaü : Ouvrage cité.
(2) Die politischen Berichte des Fürsten Bismarck aüs Pétersbourg und Paris, von L. Raschdaü.

lui déclara dans les termes les plus formels
que « la défense de l'intégrité de la Prusse et
l'opposition à une extension de puissance de
la France constituaient aussi bien un intérêt
Européen qu'un intérêt Prussien et qu'il ne
serait possible ni à la Russie, ni à l'Angleterre de rester spectatrices impassibles d'une
guerre victorieuse de la France contre l'Allemagne (1). »

« Gortschakoff écouta en silence, mais il avait
eu précédemment déjà l'occasion de reconnaître la justesse de ces vues » (2).

La crainte d'un ébranlement des trônes, la
terreur de la Révolution unissent de nouveau,
après la guerre de 1870, les trois Empereurs.
Et, lorsqu'après le Congrès de Berlin, ce trium-
virat se dissout, la Russie fidèle au passé songe
à un traité de réassurance avec l'Allemagne.
Mais il importe ici de redresser une erreur historique, Dans la plupart dés manuels d'histoire, on attribue à l'Allemagne l'idée de ce
traité de réassurance. Or, une étude particulièrement intéressante, parue le 12 avril 1918
dans les *Grenzboten*, sous la signature de
M. L. Raschdaù, qui, depuis quelques années,

(1-2) Raschdaù, Ouvrage cité.

a déjà publié des études historiques remarquées, avance au contraire, en s'appuyant sur les archives allemandes : « Les relations de la Russie et de l'Angleterre étaient très tendues par suite de l'attitude menaçante qu'avait adoptée cette puissance pendant la guerre de Turquie et qui ne se démentit pas au Congrès de Berlin. Cette tension s'accrut par l'opposition des intérêts de ces deux puissances en Asie Centrale... Aussi, au printemps de 1880, l'ambassadeur russe Sabouroff reçut-il pour mission de prendre contact avec le chancelier allemand sur un accord qui devait régler spécialement la question d'Orient. Bismarck ne prêta d'abord qu'une attention médiocre à ces ouvertures. Il insista sur la nécessité du concours de l'Autriche-Hongrie. Sabouroff posa donc les bases d'un accord contre lequel le prince de Bismarck ne fit que peu d'objections, sous la réserve pourtant que l'Empire allié à l'Allemagne y fut compris. « On ne savait pas, qu'un traité était déjà intervenu en 1881, qu'il dura d'abord six années avec l'Autriche comme troisième cocontractant. Le Dr Hammann est le premier qui souligne maintenant ces deux faits. On ignorait enfin que ce n'est point le prince de Bismarck qui fut l'instigateur du traité, mais le gouvernement Russe qui, chaque fois, en a sollicité le renouvellement (1). »

La tension des relations Russo-Anglaises, apparaissait bien dans cette lettre, de la reine Victoria en date du 4 septembre 1886, au prince Alexandre de Battenberg, à la suite de la conjuration organisée contre lui : « Les mots me manquent, pour t'exprimer mes sentiments et mes soucis intimes depuis la nuit terrible du 21 août. *Mon indignation et ma colère contre ton barbare et tyrannique cousin asiatique sont si grandes* que je ne puis me décider à parler de ce sujet. Mon gouvernement fera tout pour te concilier les puissances contre la Russie... Tu devrais en appeler aux puissances... Je reste pour toujours ta cousine aimante et ta fidèle amie (2). »

Si l'on parcourt la correspondance privée entre les deux Empereurs, publiée l'année dernière par les soins du Dr W. Gœtz, il apparaît évident que leurs rapports étaient restés fort bons et, parmi les questions qui les rattachaient, celle de Pologne se plaçait au premier rang. Le 26 avril 1895. Guillaume II écri-

(1) L. Raschdaû.
(2) Cité par Corti : *Alexandre de Battenberg*, Vienne.

vait au Tsar : « Je t'envoie ces lignes par le prince Radolin. Il brûle de mettre toutes ses forces à nous satisfaire tous deux et à maintenir les liens traditionnels qui unissent nos familles et nos pays depuis bientôt un siècle. Il a la haine des Polonais et ne veut plus avoir affaire avec eux et il ne leur porte pas plus d'intérêts qu'aux îles Sandwich. »

Rappelons-nous ce qu'écrivaieent, au milieu du siècle, le chevalier de Kaisersfeld et plus tard Bismarck. La différence est-elle très sensible à 55 ou 35 ans de distance ? et, lorsqu'on constate cette haine de la Pologne toujours commune à la Russie et à l'Allemagne, comment ne pas rendre un éclatant hommage à l'illustre homme d'Etat français qui n'a pas craint, il y a quelques mois, de prendre toutes ses responsabilités et de soutenir énergiquement la Pologne menacée ?

La faiblesse intérieure de la Russie, bien connue en Allemagne, signalée par Mercier, par le chevalier de Kaisersfeld, et même par Bismarck, allait se révéler en 1905 et c'est encore un membre de l'Institut qui fut parmi les très rares à prédire le dénouement des événements. Melchior de Voguë, l'illustre auteur du

Roman Russe, annonçait ouvertement que le Japon serait victorieux.

Et au moment où la révolution grondait, en pleine guerre, le 24 août 1905, l'Empereur Guillaume transmettait au Tsar cette lettre de Bismarck, qui portait la date du 30 novembre 1860 et dans laquelle, lui aussi, entrevoyait la Révolution Russe (1) : « L'Empereur, est accablé par le sérieux de la situation à l'intérieur et ne témoigne plus aux choses de l'extérieur le même intérêt que jadis. *Le chef effectif de la police, Timascheff, voit l'avenir prochain très en noir.* » Et Guillaume II ajoutait, avec une singulière effronterie : « Les passages de la lettre de Bismarck, alors en Russie, à Schleinitz, t'intéresseront, car ils démontrent que l'histoire se recommence et que les temps étaient alors semblables à ceux d'aujourd'hui. »

Les pronostics de Guillaume II et de Bismarck se sont réalisés : la Russie s'est effondrée... Certes, nous ne saurions oublier que, pendant les trois premières années de la guerre, elle a rendu à la France d'immenses services, qu'elle a immobilisé sur son front près de quatre millions d'Austro-Allemands et

---

(1) *Lettres de Guillaume II au Tsar,* par le Dʳ Gœtz.

rendu possible en 1914, par sa diversion en Prusse Orientale, la victoire de la Marne. A ce titre seul, nous lui devrions une infinie gratitude. Mais, sans vouloir préjuger en rien des décisions qui seront prises, je ne crois pas, pour ma part, que la Russie puisse se reconstituer et répondre aux aspirations des divers éléments qui la composent si elle ne tend pas vers le fédéralisme. L'histoire nous apprend que, pendant 150 ans, la Russie unitaire a toujours été plus ou moins soumise aux influences allemandes. Si l'on en voulait une assurance nouvelle, qu'on se reporte à ce volume *Trois années de révolution mondiale*, publié en 1918, par Lensch, député au Reichstag, ouvrage dont malheureusement la vulgarisation en France n'a pas correspondu à son importance. Après avoir évoqué de nouveau les guerres de libération, en 1813, qui restent et resteront éternellement gravées dans les mémoires allemandes, après avoir justement constaté en homme qui connaissait l'histoire « que la position Européenne de la France avait reposé pendant quatre cents ans sur la faiblesse et le manque de cohésion des pays allemands du centre de l'Europe », Lensch passant à la question Russe, l'envisage ainsi : « Déjà, à la fin de

1914, dans mon étude sur la *Socialdémocratie allemande et la guerre mondiale,* je faisais remarquer que la *dissolution de la Russie en une foule de petits Etats politiquement autonomes n'était pas dans l'intérêt de l'Allemagne...* Elle ne servirait qu'à l'Angleterre dont les agents sont très actifs en ce sens et qui aurait ainsi une occasion unique de reprendre sa politique habituelle de la protection des petits peuples. L'affaiblissement de la puissance russe se transformerait en une consolidation de la puissance anglaise... L'Angleterre n'aurait plus d'adversaires en Asie. Ici encore, les intérêts russes et anglais se heurtent, alors que les intérêts russes et allemands concordent. »

On le voit, nombre d'allemands souhaitent la reconstitution de la Russie *unitaire.* Aussi, lorsque la voix autorisée du professeur Fœrster s'élève au-dessus des discussions passionnées du moment pour préconiser en Allemagne et en Russie le fédéralisme qui seul pourra assurer la paix, cette voix n'est-elle pas celle de la raison et de la justice ?

L'ÉVOLUTION
DE LA POLITIQUE ALLEMANDE
DU XVIIIᵉ SIÈCLE A 1870

(14-21 avril 1923)

Lorsqu'on envisage depuis le commencement du xviiiᵉ siècle jusqu'en 1870 l'évolution de la politique allemande et surtout de la politique prussienne, il semble qu'elle apparaisse dominée par quatre traits saillants : le désir de l'agrandissement, l'intention secrète de se séparer de l'Autriche et de la dominer, l'animosité occulte contre la France, surtout à partir de 1807, enfin la volonté arrêtée de lier avec la Russie des relations très intimes. Au xviiiᵉ siècle, les souverains de Prusse, presque tous les grands hommes d'Etat Prussiens, nombre d'écrivains déclarent que la configuration générale de la Prusse, renfermée dans des limites étroites, sans issue suffisante sur la mer, entourée à l'Est et à l'Ouest d'états puissants, lui fait de la conquête une nécessité.

En examinant dès le xviie siècle les intentions du grand électeur, puis au xviiie siècle les instructions données par le roi sergent à son fils, Frédéric II, se découvrent déjà les grandes lignes de cette politique. « On comptait alors avec la possibilité que la « ligne autrichienne de la maison de Habs- « bourg s'éteindrait sans héritier et, en vue de « cette éventualité, le grand électeur était « décidé à s'emparer de la Silésie en faisant « alliance avec Cassel et, en cas d'absolue « nécessité, avec la Saxe. » M. Georges Küntzel dans son récent ouvrage, en langue allemande, sur les *trois grands Hohenzollern* éclaire ainsi ce point d'histoire. Ces idées se retrouvent dans un testament politique du grand électeur, daté de l'année 1669. Dès cette époque aussi, il recommande à ses successeurs l'alliance avec l'Angleterre et la Hollande comme répondant aux aspirations naturelles de la Prusse. « Londres et Amsterdam » telles furent presque ses dernières paroles (1).

En 1731, le roi sergent parle « du tas de ca-

(1) **Die drei grossen Hokenzollern, par G. Küntzel.**

nailles que sont les français, devant lequel il crachait ». En conflit avec son fils Frédéric, dont il blâmait « les *manières françaises efféminées* » (1), il lui avait déclaré, sur un ton colère, qu'il devait être et rester un prince allemand. Dans les instructions, récemment publiées à Berlin, qu'il donna au prince héritier, Frédéric Guillaume Iᵉʳ le prévient d'être toujours sur ses gardes vis-à-vis de la maison d'Autriche, de ne lui fournir ni troupes, ni argent, d'entretenir la plus grande amitié avec la Cour de Russie, ainsi qu'une cordiale entente avec l'Angleterre à cause de la question religieuse (2). Nous retrouverons plusieurs fois au cours des cent années qui vont suivre des symptômes de cette volonté de la Prusse de s'unir à l'Angleterre par suite de la question confessionnelle. Dirigeant une critique ouverte contre les sentiments francophiles d'Auguste II, roi de Saxe, le roi sergent porte, en 1731, ce toast à l'Allemagne : « *Vive la Germanie, nation allemande. Celui qui ne le pense pas du fond de son cœur est un coquin* (3) ».

(1-3) Die drei grossen Hohenzollern par Küntzel.
(2) Die Politische Testamente der Hohenzollern par Küntzel et Hass.

Son hostilité contre l'Autriche ne désarmait point. Il souffrait d'être placé au deuxième rang dans l'Empire (1). Et pourtant, 40 années auparavant, Leibnitz, dont l'autorité, en cette matière, n'est pas contestable, jetant un coup d'œil sur l'histoire des Guelfes et la chute du duc Henri de Lion, reconnaissait que « *c'était à l'Autriche que l'Allemagne devait d'être encore debout et que le nom du Reich n'ait pas totalement disparu* » (2).

Frédéric Guillaume Ier jette des regards de convoitise sur la Saxe, cet état tampon entre l'Autriche et l'Allemagne, objet des ambitions ardentes de la Prusse qui espérait s'en emparer et dominer ainsi plus aisément l'Autriche. Lorsque le 17 février 1722, le second roi de Prusse rédige ses instructions pour son fils, il lui prescrit : « Conservez la paix avec « les Saxons aussi longtemps que vous le « voudrez, mais ne concluez avec eux aucune « alliance. *Ils sont favorables à l'Empereur* » et faux comme le diable. Ces gens n'ont ni « foi, ni loi » (3).

(1) Die drei grossen Hohenzollern par Küntzel.
(2) *Onno Klopp. Friedrich der Grosse.*
(3) *Die politische Testamente der Hohenzollern von Küntzel et Hass (1919).*

Frédéric II, dans son testament politique, reprend les idées de son père. L'un des points qui semblent le préoccuper le plus, le hanter, c'est l'annexion de la Saxe, bien avant le moment certes, où, en 1815, la Prusse cherchera à dépecer ce royaume : « Si la guerre se fait, écrit-il, en 1748, il faut d'abord se rendre maître de la Saxe. On en peut tirer en argent et vivres pour cinq millions d'écus » (1). Frédéric II réprouve le luxe parce « qu'il est connu que le goût de la dépense et la mollesse énervent l'âme et ruinent la famille » (2). Il gémit déjà sur la dépopulation des campagnes qui est l'un des traits les plus caractéristiques de la Prusse d'aujourd'hui. « C'est la noblesse, qui a acheté les censes des paysans et, petit à petit, en diminue le nombre. » (3) Dans ses instructions complémentaires datées de 1776, il insiste encore sur la nécessité pour la Prusse d'acquérir tôt ou tard la Saxe. Sous son règne, ce projet ne peut être exécuté. Mais il se rend maître de la Silésie malgré les protestations du Feld-maréchal Schwerin, et du ministre

---

(1)-(2)-(3) *Die politische Testamente Friedrichs des Grossen von Doctor Wolz* (Berlin).

Podewills. Alors commence le rapprochement avec la Russie. Frédéric II annexe une part de la Pologne et s'empresse d'écrire joyeusement à son frère : « Nous prendrons part à ce saint banquet du soir qui est la Pologne et si ce n'est pas pour le salut de nos âmes, ce sera sûrement un point très important pour le bien de nos Etats. » (1).

Frédéric II redoute fort la Russie, mais son jugement sur elle est faux et les événements devaient l'infirmer. Il voit faux, en effet, lorsqu'il avance que « le Tsar Pierre a donné la première impulsion à ce peuple presque inconnu. Mais que de progrès n'a-t-il pas faits! Et par quelle démence l'Europe aveuglée contribue-t-elle à élever une nation qui pourrait lui être fatale un jour » (2).

Les successeurs de Frédéric II et principalement Bismarck virent autrement. Ils considéraient bien les frontières de la Russie comme difficilement abordables, l'hiver et les intempéries des saisons aidant, mais ils montraient une perspicacité dont bien peu de Français ont fait preuve lorsqu'ils jugeaient l'Empire des Tsars

(1) *Die Liige von Hohenzollern Segen* par *Müller.*
(2) Die politische Testamente Friedrichs des Grossen von D° Volz.

comme un corps amorphe, obstrué par sa masse, tiraillé par une bureaucratie de fer, exposé aux pires révolutions (1). L'avenir devait confirmer ces pronostics. Si les hommes politiques et beaucoup d'écrivains français ont souvent fait erreur dans leurs vues sur la Russie, ils se sont bien trompés aussi dans leur jugement sur la Prusse. Depuis Louis XV jusqu'en 1870, on peut soutenir qu'à l'exception de la période de 1804 à 1814, c'est en France un engouement presque général pour la Prusse. Rares sont les exceptions. La Prusse avait de réelles qualités. Il serait injuste de ne pas le reconnaître, mais d'après les paroles de Frédéric Guillaume Ier rapportés ci-dessus, elle n'aimait pas beaucoup la France. Depuis 1807 son sentiment assez naturel s'estompe, mais il est profond. Les habitués de la Cour de Prusse, les psychologues et les diplomates étrangers avertis le découvrent ; ils le signalent à leurs gouvernements. Ils prévoient une offensive prussienne contre la France. Celle-ci semble ne rien voir, ne rien prévoir jusqu'au jour du réveil terrible. C'est là l'une des plus grandes

(1) Voir Rachsdau, Rapports politiques du prince de Bismarck, de Pétersbourg, et Paris (Berlin).

erreurs de la politique française au XVIIIᵉ et au XIXᵉ siècles. Nous devions, hélas ! la payer cher. Frédéric II n'avait-il pas dit dans son testament politique de 1768 : « Un prince ne peut pas se passer de la dissimulation tant qu'il doit traiter avec des souverains comme lui. La dissimulation devient réprouvable quand le fort s'en sert envers le faible, le prince envers le sujet » (1). Maxime que tous les souverains prussiens, depuis Frédéric II, ont mise en pratique.

Notre diplomatie jusqu'en 1870, admirait la Prusse, elle admirait sa ténacité dans le travail, son laborieux effort, elle méconnaissait la force de ses ressentiments intimes. Marie Thérèse fut plus perspicace. « Nous serons débordés et jetés par terre les uns après les autres, si nous ne résistons pas résolument. Il ne s'agit pas seulement du danger qui nous assaille en ce moment, mais encore de la sécurité de toute l'Allemagne et peut être de l'Europe entière » (2)

En 1786, Frédéric II meurt ayant déjà constitué un état fort. Sur un budget de recettes de 22 millions de thalers, 16 millions étaient

(1) Doctor WOLZ, ouv. cité.
(2) Cité par la Revue *Volkssturm*, de Vienne, *(septembre 1922)*. (Marie-Thérèse à Marie-Antoinette).

dès 1775 affectés à l'armée. *Sur le reliquat, un subside de 500 mille thalers était donné annuellement à la Russie* (1). Ainsi se poursuivait l'entente traditonnelle Russo-Prussienne.

Dans ses entretiens avec ses familiers, Frédéric II n'était cependant pas tendre pour les Russes : (2) « Nous avons, disait-il affaire, à des barbares qui travaillent à enterrer l'humanité ; songons à nous préserver au lieu de nous plaindre. »

Mirabeau qui, peu de temps avant la mort du grand Frédéric, était venu à Berlin pour travailler avec lui à un projet d'entente franco-Prussienne contre l'Autriche, Mirabeau qui, comme tant d'autres alors en France, se répandait en éloges sur la Prusse et en invectives contre l'Autriche, se demande s'il n'est pas l'objet d'une mystification devant le spectacle qu'offre alors Berlin. Ses paroles valent d'être citées : « Moi qui l'ai vu, qui l'ai entendu, qui conserverai jusqu'à mon dernier jour l'honneur si grand de l'avoir intéressé, je frémis et mon âme gémit sur le coup d'œil que

(1) Friedrich der Grosse von Onno Klopp.
(2) La Littérature politique en Allemagne par Schuselka (Hambourg, 1846).

Berlin présenta à mes yeux stupéfaits le jour de la mort du héros qui rendit le monde muet d'étonnement et d'admiration. Partout régnait un silence de mort. Personne n'était triste. Tout le monde était occupé, mais personne ne semblait affligé. Pas un regret, pas un soupir, pas une louange » (1). Les raisons de cette attitude glaciale nous sont expliquées par l'extrait de cette lettre antérieure de quelques années, de Lessing à Nicolai : « Laissez donc surgir à Berlin un homme qui ose élever sa voix en faveur des droits des sujets, comme c'est maintenant le cas en France et en Danemark et vous apprendrez bientôt quel est aujourd'hui le pays le plus esclave de l'Europe. » (2) Frédéric II lui-même faisait cet aveu, en 1785, dans un ordre de cabinet : « *Je suis las de régner sur des esclaves.* » (3)

Vingt ans plus tard, Arndt, qu'on ne pourrait guère suspecter de partialité, portait sur Frédéric II, ce jugement fort différent de celui de Mirabeau : « Nous allemands, lorsque nous nous envisageons en tant que peuple,

(1) *La monarchie Prussienne.*
(2) *Friedrich der grosse von Onno Klopp.*
(3) *Die Lüge von Hohenzollern Segen par Venanz Müller.*

nous avons eu peu à nous louer de ce roi, car aucun ne nous a fait plus de mal, non seulement en apparence, mais en réalité » (1).

En fait, le peuple n'était pas favorable à la plupart des guerres entreprises par Frédéric II, mais, après les succès obtenus, tous les maîtres qui dirigeaient les écoles prussiennes, travaillèrent à les justifier. *La haine de l'Autriche devint l'un des dogmes fondamentaux de ces écoles et peu à peu s'empara des esprits* (2). La semence qui y avait été jetée germa.

A la mort de Frédéric II, l'Allemagne était sans cohésion. Le morcellement partout. Si des voix isolées s'élevaient çà et là en faveur d'une union plus grande, elles restaient généralement sans écho.

« En vérité, le sentiment national mit si longtemps à mûrir parce qu'il devait engager la lutte avec des éléments nombreux et hétérogènes et parce que le sol historique sur lequel il croissait était beaucoup plus touffu que le sol bien préparé de la nation française... Il est vrai que Frédéric II avait cher-

(1) *Friedrich der Grosse* par Onno Klopp.
(2) Voir das Neüe Reich, janvier 1921.

ché à insuffler à ses officiers appartenant à la noblesse un *esprit de corps et de nation*. Ils devinrent les organes les plus actifs de l'Etat et les premiers fondements de son jeune sentiment national » (1). Mais la masse de la nation allemande n'avait *pas d'esprit de corps* : « En Allemagne, on oublie volontiers la masse pour s'attacher à quelques individus. »..... (2) « Ce qui me rattache à l'Allemagne, est-ce autre chose que les notions que j'ai pu puiser de ma vie avec vous et des cercles dont je suis éloigné depuis près de deux ans. » (3)

La Révolution française malgré ses succès extérieurs, qui tiennent du prodige, et l'Empire vont faire naître cette unité. La Prusse est l'une des premières à se déclarer contre la France, mais elle est aussi l'une des premières à faire la paix. Jusqu'au traité de Bâle, dans l'armée prussienne, dans les écoles, dans la société de Berlin, si la Révolution française inspire une terreur profonde, l'hostilité contre l'Autriche est peut

(1) F. Meinecke. *Weltburgertum und National-staat*, 1919).
(2) *Idem*, Humboldt à Jacobi.
(3) *Idem*, Humboldt à Gœthe.

être encore plus tenace ; non seulement les rixes entre officiers prussiens et autrichiens sont continuelles, mais encore les injures dont ils s'accablent à tout propos, ce que rappellent tant d'épisodes de la dernière guerre mondiale. J'ai retrouvé dans les archives de Prusse la trace de l'hostilité avérée que la société de Berlin porte à tout ce qui est autrichien.

Dans une lettre de cette époque qui a pour auteur l'un des princes Prussiens, et conservée dans un dépôt d'*archives privées*, dont j'ai eu connaissance à Berlin, en 1913, j'ai relevé cette phrase : « La coexistence de deux « grands Etats en Allemagne est impossible. « L'un devra tôt ou tard céder devant l'autre. « L'Autriche est une puissance arriérée, mé- « prisée en Prusse, *catholique*, qui ne peut que « nous inspirer de la défiance. Quand donc « pourrons-nous la juguler ? Ce jour là sera un « grand jour pour toute l'Allemagne. Et dire que nous avons dû partager avec elle la Pologne ? » Tels étaient les sentiments de la famille royale dès la fin du xviiie siècle, la question de la Pologne aidant.

Malgré les clauses désavantageuses que pouvait présenter le traité de Bâle, il est pourtant accueilli dans les sphères Prussiennes avec une certaine satisfaction, parce que l'Autriche est abandonnée à elle-même. « L'Autriche, soutint seule la lutte pour elle et pour l'Allemagne ingrate jusqu'au traité de Lunéville » (1). La haine contre l'Autriche prévalait aussi dans les milieux révolutionnaires à Paris, où une secrète faveur entourait la Prusse (2).

Le Directoire songe à mettre un prince prussien à la tête de la France. Siéyès et ses amis voulaient un prince allemand appartenant à la religion luthérienne. Sainte Foix, l'un des familiers de Talleyrand, disait à l'envoyé prussien à Paris : « Les suffrages des autorités et de la saine partie de la nation ne se décideront pas pour un Bourbon. Ils se décideront plutôt pour un prince allemand ». Et on lançait le nom du prince Louis Ferdinand de Prusse (3). Le témoignage de Bailleu, l'historien allemand bien connu, ne peut, en cette occasion, souffrir de réfutation.

(1.-2) Septembre 1922, Revue *Volkssturm* de Vienne.
(3) Bailleu, t. I, p. 330 et Vandal ; « *L'avènement de Bonaparte* ».

En 1805, la Prusse abandonne l'Autriche et Napoléon l'en récompense en lui donnant le Hanovre. L'Angleterre tout entière en avait éprouvé un tressaillement que Fox traduisait ainsi, à la Chambre des Communes, le 23 avril 1806 : « Il était réservé à la Prusse de tomber au dernier degré du déshonneur en acceptant de devenir l'instrument de l'injustice et des déprédations d'un souverain plus grand que le roi Frédéric Guillaume ». C'est avec un sens critique développé que l'historien allemand Venanz Müller avance dans un récent ouvrage sur les Hohenzollern : « Frédéric Guillaume III voyait dans l'Autriche un ennemi de la Prusse et non dans Napoléon avec ses désirs de conquête. Chaque bataille perdue par l'Autriche lui semblait un accroissement de la puissance prussienne (1) ». En 1807, la Prusse succombe à son tour, mais, lorsqu'en 1809, l'Autriche la supplie de l'assister dans sa lutte nouvelle contre Napoléon, elle pose des conditions telles qu'à Vienne, on ne peut les accepter, et de nouveau l'Autriche reste seule (2). Comment celle-ci

(1) *Die Lüge von Hohenzollern Segen.*
(2) Voir Revue *Volkssturm,* septembre 1922.

répondit-elle à ces défaillances ? En 1813, la décision finale ne dépendait-elle pas de l'attitude du cabinet de Vienne ? S'il eût conservé la neutralité, comme la Prusse l'avait fait en 1805, et en 1809, le relèvement de l'Europe eût été impossible. Mais l'Autriche ne mit alors à son acceptation aucune condition, aucune restriction : elle jeta résolument son épée dans la balance. Quelle fut sa récompense ? Ici encore je me référerai à la revue Viennoise *Volkssturm* : « Dans la plupart des ouvrages d'histoire de l'époque, la Prusse récolte les honneurs et la gloire : tout ce qui est autrichien est diminué et calomnié (1) ».

Les événements de 1807 à 1813 devaient marquer un tournant capital dans l'histoire contemporaine, une date vraiment fatidique. *La Prusse a voué à la France une haine mortelle* ; par moment celle-ci fait explosion, puis elle se voile de nouveau jusqu'à l'heure des réparations suprêmes. La Prusse va resserrer son alliance avec la Russie en visant ainsi la France. Elle sera toujours plus ou moins, jusqu'en 1870, aux côtés de la Russie tout en protestant, parfois bruyamment de ses bons sentiments pour nous.

(1) Septembre 1922.

Napoléon porte dans cette situation une grande responsabilité quel que soit l'impérissable héritage de gloire dont il a doté la France. Il n'en a pas encouru une moindre en supprimant tant d'Etats Allemands pour en former de plus grands, alors que l'ancienne monarchie avait, au contraire, toujours cherché à maintenir une Allemagne divisée. Cette faute du premier Empire pesa pendant cent ans sur toute la politique française. Elle a donné à l'unité allemande une impulsion immense. Invoquons ici le témoignage d'Edgar Quinet, un des rares écrivains français qui aient vu clair et lu dans l'avenir de l'Allemagne. Il déclare que c'est Napoléon qui a achevé de rallier l'Allemagne. Il annonce la future unité allemande qui se réalisera aux dépens de la France : « *les pas de six cent mille ennemis ont semé la révolte dans un sol où n'avait poussé longtemps que la fleur des chimères* (1). » Le jugement de Quinet, sur les diverses étapes de l'unité allemande avait été précédemment formulé, en termes à peu près analogues,

(1) Paul Gautier : Edgar Quinet et *Gazette de Lausanne* du 24 juillet 1917.

par Hegel. Le professeur Fœrster, qu'on ne peut soupçonner d'être ennemi de la France, puisque, pendant la dernière guerre, il ne dut son salut qu'à l'intervention personnelle du roi de Bavière et du gouvernement Bavarois, dit, à son tour, au mois d'avril 1916, dans la *Nouvelle Gazette de Zurich* : « Les armements de l'Allemagne n'ont été que la réponse des penseurs et des poètes à l'humiliation de la nation allemande par Napoléon Bonaparte. C'est le militarisme et l'impérialisme Napoléonien qui ont transporté de Weimar à Postdam le centre de gravité de l'Allemagne et qui ont remis la tradition militaire Prussienne au centre de la vie nationale ». Et encore : « Toutes les humiliations, toutes les inquiétudes de l'Allemagne au cours de l'invasion Napoléonienne sont sans cesse rappelées (pendant les années qui suivirent 1815)... partout se manifeste le désir d'une union nationale, d'une préparation militaire, d'alliances anti-françaises ».

Dans les archives Européennes que j'ai pu consulter depuis vingt ans, ces sentiments percent à chaque pas et comme j'en entretenais, à la veille de la guerre, l'un des meilleurs historiens d'un pays secondaire de l'Allemagne, il

me répondit brusquement : « S'il vous était
« donné de prendre connaissance, depuis 1815,
« des lettres particulières que s'adressèrent
« les souverains, en rappelant leurs luttes
« communes, vous en resteriez stupéfait. »

Et, pourtant, Gœthe lui-même n'était pas
sans s'effrayer pour son pays des succès
Prussiens.

Il en entrevoyait toutes les conséquences.
En 1813, au cours même de cette année qui
devait marquer dans les fastes de l'Allemagne,
il disait au professeur Lüden : « Qu'a-t-on gagné ? Vous me l'assurez : la liberté ; peut-être
pourrions-nous appeler cette époque une délivrance, mais non pas la délivrance du joug des
étrangers, mais uniquement d'un joug étranger.
Il est exact que je ne vois plus de Français, ni
d'Italiens, mais j'aperçois, en revanche, des
Kosaks, des Baschkirs, des Croates, des Magyars, des Kassubes, des hussards bruns et
d'autres » (1). Gœthe éprouvait une vraie répu-
gnance, pour la Prusse ; maints passages de
sa correspondance privée le démontrent am-
plement. N'avait-il pas dès 1780, parlé *des*

______

(1) *Menschheit*, 24 décembre 1922.

serres toujours prêtes de l'Aigle noir ? (1)

Au Congrès de Vienne, on sait la lutte que la Prusse engage de nouveau, avec le concours de la Russie, pour obtenir la Saxe, reprenant ainsi toute sa politique et tous ses arguments du xviiie siècle.

Hardenberg rappelait, au mois de janvier 1814 au comte Stadion qui était devenu l'ami et le confident de l'Empereur François, qu'il devait se convaincre que l'annexion de toute la Saxe était indispensable à la Prusse, non seulement pour la dédommager, mais encore pour lui donner la *consistance nécessaire* ; une annexion partielle n'atteindrait ni l'un ni l'autre de ces buts. Le roi de Saxe a largement mérité par sa conduite qu'on s'empare de son territoire et il peut se déclarer fort satisfait on lui donne un *bel établissement* en Italie (2).

La majeure partie de ce plan échoue mais la Prusse se retire de lutte avec un territoire augmenté d'un tiers.

La pétition adressée par 29 Etats Allemands à l'Empereur François II pour le rétablissement du Saint Empire Romain Germanique ne

(1) *Menschheit,* 24 décembre 1922.
(2) *Historische Blaettër,* janvier 1921.

peut aboutir par suite de l'opposition des Hohenzollern (1) ; ceux-ci, dès cette époque, songent à leur lutte future contre l'Autriche. C'est là un des épisodes les plus remarquables de cette période et qui, à mon sens, a été insuffisamment mis en lumière jusqu'ici. En effet, en 1822, alors que la Prusse se relevait à peine, que ses blessures étaient à peine pansées, Eichhorn rédige un mémoire où il développe les visées Prussiennes.

Il signale tous les préparatifs à entreprendre jusqu'au moment où la Prusse pourra rompre ouvertement avec l'Autriche, et il désigne cette époque comme « la *pente des événements* » (2). Eichhorn insiste pour, qu'*en apparence*, l'attitude de la Prusse envers l'Autriche soit amicale, mais on doit, sans perdre un instant, miner le sol en Allemagne sous les pas de l'Autriche, de telle sorte que le jour où les destins s'accompliront enfin, la majorité des Etats fédérés allemands se tourne résolument vers la Prusse (3). L'opinion publique devait être préparée à l'éventualité de la représentation de toute l'Allemagne par la Prusse. Les écoles, les journaux, les diverses publications de-

(1) *Volkssturm*, septembre 1922.
(2)-(3) *Das Neue Reich*, janvier 1921.

vaient tendre à ce but. La propagande faite, en ce sens, dans les écoles fut ardente. Marie-Thérèse y fut stigmatisée, Frédéric II exalté, non pas seulement comme le héros du prussianisme, mais encore du germanisme ; Maurice de Saxe et Gustave Adolphe, furent érigés en héros (1). Quant à Charles-Quint, on le représenta comme anti-national. Pourtant, dans son testament politique, il [conseille à son successeur de ne ménager aucune occasion d'éloigner les français du Piémont parce qu'ils tournaient leurs ambitions vers Milan, Gênes, Florence, Naples et la Sicile (2).

Voilà ce qui se passait en Prusse entre 1815 et 1825, quarante années avant Sadowa. Ottokar Thons, l'adjudant du duc Charles-Auguste de Weimar, avait aussi, en mars 1815, reconnu l'impossibilité, pour deux Etats indépendants, comme l'Autriche et la Prusse, de suivre la même voie : « Elles seront côte à côte aussi longtemps que ce sera leur intérêt réciproque (3), mais elles se quitteront dès que leurs vues seront différentes. » « Peu d'hommes ont entrevu avec autant de pers-

(1) *Das Neue Reich*, janvier 1921.
(2) Historische Blaetter, 1921.
(3) Cité par F. Meinecke. ouvrage mentionné ci-dessus.

picacité que cet officier général le cours de l'histoire allemande au XIXᵉ siècle, le refoulement de l'Autriche vers l'Orient, l'abaissement des Etats secondaires et l'avènement d'un Etat nationaliste allemand » (1). En même temps continuait en France, à l'égard de la Prusse, ce chœur de louange que nous avons observé au XVIIIᵉ siècle. Nodier, suivi par toute une école, considérait l'Allemagne comme la patrie de tous les énivrements et de toutes les nobles passions. « L'Allemagne est une sublime nation » s'écrie-t-il dans la *préface du peintre de Salzbourg*. Et encore dans *Mademoiselle de Marsan* : « Mon héros a vingt ans. Il est *allemand. Il est exactement l'homme avec lequel je m'étais identifié à cet âge* » (2).

La Restauration avait une situation tellement difficile qu'elle cherchait s'appuyer sur tout le monde. C'est l'explication de ses prévenances pour la Prusse qui, au congrès de Vienne, réclamait cependant le partage de la France.

(1) Frédéric Meinecke. *Weltbürgertum und Nationalstaat* (1919).

(2) Voir le remarquable ouvrage de M. Viatte : « *Le Catholicisme chez les Romantiques* ».

Dans la « lecture » que j'avais eu l'honneur
de faire ici le 9 mars 1918, je montrais à
quel point certains maréchaux de Napoléon
critiquaient, au lendemain de sa chute, sa conduite à l'égard de la Prusse. J'ai pu me convaincre depuis lors que les conversations de
Goltz, agent prussien à Paris, avec Ney avaient
été répétées dans toutes les écoles allemandes,
jusqu'à la veille de la guerre mondiale. Je
mentionnais aussi l'intimité des cours de Berlin et de Paris, de 1815 à 1830. La Prusse, si
déprimée par les dernières guerres, resserrait
ses liens avec les Etats étrangers, en première
ligne avec la Russie et la France, puis avec les
Etats secondaires allemands. Ceux-ci gravi-
tent alors dans l'orbite prussien et l'unité
allemande se forgeait peu à peu. Dès le 20
juin 1814, le comte de Goltz souligne ce
fait (1) : « Quant à la Cour de Bavière, je suis
persuadé qu'elle lie seulement en apparence
partie avec l'Autriche, pour obtenir ainsi tout
le possible dans les circonstances présentes,
mais qu'elle s'arrachera ensuite à cette combinaison pour rechercher l'amitié de la Prusse
et de la France plus avantageuse et moins

(1) Archives de Berlin. Lettre à Hardenberg.

dangereuse pour elle. » Les états secondaires allemands — nous le verrons dans la seconde partie de cette étude — se séparèrent progressivement de l'Autriche. Ils reconnurent, après 1850, l'erreur funeste qu'ils avaient commise.

Pendant une partie de la guerre de l'indépendance Hellénique, et surtout à la fin de ce conflit, la Prusse prodigue à la Russie ses bons offices. Le général Müffling, envoyé, en 1829, en mission à Constantinople, déploie tous les ressorts de son habileté pour faire céder la Porte. La Cour de Russie ne cesse de remercier celle de Prusse de son bon vouloir dans les affaires grecques. Les rapports de la Russie et de la France ne sont pas moins eordiaux. Au point de vue extérieur et financier, la Restauration se terminait par une page fort brillante. La France avait repris en Europe une situation de premier ordre, moins de quinze ans après nos désastres. Vers 1829, les rapports de la Prusse et des Etats secondaires allemands se fortifient encore. Le 30 mars 1830, le vicomte de Luxbourg, agent Bavarois à Berlin, dépeint ainsi la situation à son souverain (1) : « Je remarque avec satisfaction dans

(1) Archives de Bavière.

l'armée prussienne le même sentiment d'attraction et de sympathie pour le militaire Bavarois que celui qu'on trouve généralement dans le public prussien pour la Bavière, surtout depuis que Votre Majesté tient d'une main ferme les rênes du gouvernement. On rend justice à sa tendance d'assurer autant qu'il dépend d'Elle l'honneur, l'indépendance et la consistance politique de l'Allemagne. Toutes les voies qui y conduisent, soit politiques, soit commerciales, soit militaires, sont saisies ici avec avidité, mais contenues par le cabinet, qui ne se laisse point entraîner par des idées, mais dont la marche prudente, lente et impassible est toute spéciale et adaptée aux circonstances du moment. »

Et le 12 avril 1830, Luxbourg complète ses précédentes informations (1) : « La Prusse ne cherche qu'à finir les affaires qui la regardent, à se fortifier au dedans et à prendre une assiette ferme et solide en Allemagne... Un bon système d'alliance avec les états du Midi de l'Allemagne est ce qu'il y a de plus sage et de plus raisonnable à rechercher. Cette idée paraît prédominer dans le cabinet de Berlin, »

(1) Archives de Bavière.

Hélas ! il n'allait pas être malaisé pour la Prusse de mettre ces idées en pratique. La révolution de 1830, l'un des événements les plus graves de notre histoire contemporaine, allait dresser contre nous l'Europe entière et même des Etats comme la Suède et le Piémont, reformer pour 50 ans la coalition continentale brisée par la politique si habile de la Restauration, donner à l'unité allemande une nouvelle et énergique impulsion, favoriser la conclusion du Zollverein, ce gigantesque pas en avant dans la voie de l'unité germanique.

Ce n'est guère que dans les archives étrangères, sur lesquelles mon étude est une fois de plus en grande partie basée, qu'on peut se rendre compte de cette situation. J'aurai l'honneur de l'exposer à la séance de samedi prochain, ainsi que le développement de la politique allemande jusqu'en 1870.

La Révolution de juillet 1830 provoque dans toute l'Europe une intense émotion. Je ne crois pas exagérer en disant qu'elle peut se comparer à celle qu'avait suscitée la Révolution française. Dès la fin de 1829, à mesure que la vague anticléricale et antilégitimiste déferle en France les souverains qui, depuis 1826, n'avaient jamais été rassurés sur le sort des Bourbons, manifestent les plus vives craintes. Toutes les correspondances de Pozzo di Borgo, de Metternich, des agents Prussiens en Russie, en portent le reflet. Au cours du mois de juillet 1830, le roi de Bavière chargea le comte de Bray, son agent à Vienne, d'une mission secrète en France, pour s'enquérir de la situation exacte des esprits, en présence des rapports défavorables qui lui parvenaient de toutes parts. Puis de Bray s'était trouvé à Paris au moment des Journées de Juillet et il écrivait à son souverain (1) :

« Parmi les plans qui flattent le plus la vanité populaire, l'occupation de la rive gauche du Rhin est au premier rang. Je ne serais donc pas surpris que bientôt nous entendissions parler en France des *limites naturelles*. »

Voîlà bien ce qui devait resserrer profondément la Prusse et les Etats secondaires allemands, puisque les partis de gauche en France, et même quelques membres du centre et de la droite, avaient fait de la conquête de la rive gauche du Rhin l'un des points de leur programme.

(1) Archives de Bavière.

Parcourons quelques-unes des correspondances des agents Bavarois à Berlin et Vienne; on y verra, lumineusement exposées, les raisons de ce rapprochement de Berlin avec Munich, Stuttgart, Dresde, Calrsruhe. « Quant à l'Allemagne proprement dite (1), je ne vois rien de mieux à faire que d'organiser en sous main un bon système d'alliances offensives et défensives, dans lequel la Bavière, le Wurtemberg, le grand Duché de Bade, formeraient dans le midi le principal noyau, et rangeraient successivement sous la même bannière, en *s'appuyant à la Prusse*, tous les Etats interposés. La Prusse trouverait dans un pareil système plus de force, plus de sécurité et d'influence morale que dans nul autre.... » « Le Bonapartisme, que le roi Louis-Philippe des Français, a lui-même le plus grand intérêt à écarter est le plus sérieux ennemi du repos et de l'indépendance des Etats voisins de la France. Lord Palmerston a répondu au prince de Talleyrand qu'il ne doutait pas de la sincérité et des sentiments personnels du roi des Français, mais,

(1) Archives de Bavière. Luxbourg au roi de Bavière, 1er novembre 1830.

a-t-il ajouté, pouvez-vous me répondre du maréchal Soult et de tous les anciens généraux qui, regrettant leurs dotations et leurs conquêtes perdues, poussent à la guerre dans l'espoir de les ressaisir (1). »

A Berlin et à Munich, on ne parle alors que de l'union de l'Allemagne en présence de la France : une ligne continentale se dresse devant nous menaçante. La Prusse avait été l'une des premières puissances à reconnaître le gouvernement de Juillet et sa politique me paraît bien précisée par ces lignes de Behr, agent belge à Berlin, dans des lettres à Le Beau, les 30 avril et 26 juin 1831 : « Le roi de Prusse est sollicité par trois forces : 1° le désir d'étendre et d'affermir sa monarchie ; 2° les influences de famille ; 3° la crainte d'une guerre malheureuse.

... Dans l'état actuel de l'Europe, le gouvernement prussien ne veut ni la paix ni la guerre. *Il attend tout du bénéfice du temps qui doit lui livrer sa proie, et il se tient prêt pour profiter des circonstances* (2). »

Mais déjà se posait la question de l'Escaut

(1) Luxbourg au roi de Bavière, 24 janvier 1831.
(2) Archives du Ministère des Affaires Etrangères Belge.

qui tenait fort à cœur à la Prusse. Le gouvernement Belge ne semblait alors pas voir le danger, car, dans les instructions données au général de Merx, qui avait été appelé à représenter la Belgique à Berlin le 26 août 1832, on remarquait ce passage (1) : « Les avantages qu'une union plus intime avec les Etats Prussiens doit infailliblement entraîner pour la Belgique n'ont pas besoin de démonstration... Une seule chose est requise pour que notre attente ne soit pas trompée : *c'est la liberté de l'Escaut*. Cette rivière libre, nous n'avons pas à craindre que les produits de la Prusse prennent la route de la Hollande ; ils prendront une direction moins dispendieuse et plus courte et notre commerce s'en alimentera. » Et plus loin : « Les puissances ne peuvent assez se rappeler qu'en constituant la Belgique d'une manière incomplète, elles travaillent non seulement contre notre intérêt à nous, mais contre celui de l'Europe pour ne servir que l'intérêt de la France, en supposant que celle-ci nourrisse à l'égard de la Belgique des projets ou des arrière-

(1) Archives du Ministère des Affaires Étrangères Belge.

pensées qu'on lui suppose quelquefois (1). »

Quelles réflexions ne suggèrent pas ces lignes quatre-vingts ans avant la guerre mondiale ! Et pourtant dans la question de la séparation de la Belgique et de la Hollande, la Prusse avait nettement montré dès le début, et jusqu'à la fin des négociations, ses sympathies pour la Hollande. Le 11 septembre 1832, Ancillon, secrétaire d'Etat Prussien aux Affaires Etrangères, disait au général de Merx que « la Prusse, pour son compte, avait fait les plus grands sacrifices au maintien de la paix, bien que ses affections les plus chères aient dû tant souffrir de ce changement subit dans les Pays Bas, mais qu'enfin cette révolution était chose accomplie (2). »

Mais dès le 13 janvier 1839, la *Gazette d'Augsbourg*, qui recevait alors les inspirations officieuses allemandes, laissait percer les réelles visées de la Prusse : « Le propre intérêt bien entendu de la Belgique, doit la faire se retourner vers l'Allemagne, mais jusqu'à ce que ce sentiment ait pu se faire jour en Belgique et qu'il s'im-

(1) Archives du Ministère des Affaires Etrangères Belge.
(2) *Id.*

pose en quelque sorte au gouvernement de ce pays, l'Allemagne doit garantir son droit et ses moyens de sûreté parce que, comme Menzel le fait très bien observer, il est de la plus haute importance stratégique pour la confédération allemande d'avoir *la facilité d'occuper la Belgique aussitôt qu'une guerre avec la France pourrait nous menacer* (1). »

Les susceptibilités de la Prusse à l'égard de la Belgique se discernent en toute occasion, à partir de 1831 et dans les moindres questions. Lorsque, forte de son droit, la Belgique veut élever une ligue de forteresses d'Anvers à Hasselt pour protéger le centre du pays d'une attaque éventuelle, elle rencontre de la part du gouvernement Prussien une opposition acharnée.

Le 30 juin 1837, le baron de Werther se plaint vivement des projets belges à son représentant à Bruxelles, le baron d'Arnim. Il l'autorise à « déclarer que toutes les relations futures de la Prusse avec la Belgique dépendront essentiellement des décisions que prendra son gouvernement dans l'affaire qui fait l'objet de

(1) Cité par M. de Ridder dans son volume si précieux sur l'*Histoire diplomatique du traité de 1839*.

la présente dépêche (1). » L'Autriche seconde la politique prussienne, au moment où (nous l'avons vu dans la première partie de cette étude) on attisait les haines contre elle dans les écoles du royaume. Lorsque les deux puissances germaniques, vigoureusement combattues par l'Angleterre, se décident à battre en retraite, elles le font avec un dépit visible. Puis le gouvernement prussien accuse le clergé belge de mener contre lui une lutte sourde dans les provinces Rhénanes à propos des conflits religieux qui se présentent sans cesse de 1830 à 1840.

L'entrée de presque tous les journaux belges est prohibée en Prusse. Une véritable suspicion s'exerce contre la Belgique et elle n'est pas étrangère à l'attitude de la Prusse dans les débats qui précédèrent le traité de 1839 et dans la conclusion même de cet acte.

L'attitude de la Prusse n'avait pas été moins hostile à l'égard de la Pologne. Qu'il me soit permis de rappeler que, dans mon volume sur la *Révolution de juillet 1830 et l'Europe,* j'avais cité mille traits glanés dans divers documents Européens qui, tout en indiquant la continuité

(1) De Ridder, *La Belgique et la Prusse en conflit* (1834-1838).

des relations Russo-Allemandes, prouvaient qu'il n'y avait pas de complaisances que, depuis 1831, la Prusse n'ait eues pour le Cabinet de Saint-Pétersbourg au détriment de la Pologne.

La Prusse avait conclu, en 1832, le *Zollverein* qui, dans sa pensée, avait un but plus politique peut être encore qu'économique. Le 6 février 1832 (1), le ministre de Bavière à Berlin communiquait à son souverain les impressions qu'il recueillait autour de lui à Berlin : « Nos conférences avec les plénipotentiaires Prussiens sur l'union commerciale projetée seront reprises incessamment. L'Allemagne entière est attentive à cette importante négociation. L'agitation des esprits et l'inquiétude des petits états de l'Allemagne interposés, tels que les duchés de Saxe, Nassau, Francfort, sont parvenus au plus haut degré. Il est temps de couper court à beaucoup d'intrigues et de manigances. L'Allemagne entière, lorsqu'elle verra son commerce, son industrie et ses produits dégagés de toute entrave, rendra grâce à Votre Majesté, au roi de Prusse et à celui de Wurtemberg. Sans la volonté ferme et l'union de ces trois augustes

(1) Archives de Bavière.

14

têtes couronnées il n'y a point de salut pour l'Allemagne. « (1)

Et déjà, à ce moment, les agents Bavarois à Berlin, signalent l'excellence de la préparation militaire prussienne : « L'amortissement de la dette ne s'est pas arrêté un instant. Les fonds Prussiens sont aussi ceux qui ont le moins souffert des fluctuations et de la baisse de ceux des autres Etats d'Europe. La Prusse pourrait aujourd'hui, si elle le voulait, mettre en campagne 250 mille hommes complètement équipés, laissant derrière elle des forteresses, des réserves à l'avenant. (2) »

Malgré cette remarquable préparation, la Prusse pèse de tout son poids dans la balance, en faveur de la paix, lors de la secousse de 1840. Elle sentait que dans une période de relèvement magnifique, une guerre aurait été pour elle un désastre. Mais son attitude n'en fut que plus habile. Elle sut montrer aux Etats secondaires le danger des excitations des partis avancés en France, qui avaient repris leur propagande en faveur de la rive gauche du Rhin.

Sous cette influence pernicieuse pour nos

(1) Archives de Bavière.
(2) *Id*. Luxbourg au roi de Bavière, 27 janvier 1832.

intérêts, l'unité allemande fait un nouveau pas. La prudence et la circonspection de Louis Philippe ne sont pas imitées en France par tous les hommes politiques. Les clameurs indignées des partis au-delà du Rhin répondent aux provocations des partis extrêmes à Paris qui réclament des conquêtes. Lerchenfeld adresse de Berlin au roi de Bavière des rapports pleins d'intérêt dans lesquels il exalte le nouveau rapprochement entre la Prusse et la Bavière : « Le comte Dœnhoff part ce soir. Il est venu plusieurs fois causer avec moi et rend pleine justice aux vues que Votre Majesté à manifestées à l'occasion de la crise d'Orient. Il pourrra confirmer à Votre Majesté que nos relations *avec la Cour de Prusse sont devenues tout autres et ne laissent rien à désirer.* » (1) Tous les rapports des agents prussiens et bavarois signalent alors la concordance des vues bavaroises et prussiennes pour la défense de l'Allemagne et l'accentuation de l'unité allemande.

Le 10 janvier 1841, le comte Lerchenfeld, soumettant à l'approbation du roi de Bavière son rapport annuel sur la Prusse, lui fait

(1) Archives de Münich. Lettre au roi de Bavière, 31 octobre 1840.

remarquer que, depuis la révolution de juillet, l'année 1840 est la *plus importante par l'union des Cabinets en face de la France.* »

La Prusse, préoccupée par ces événements de France, avait momentanément détourné ses regards de la Belgique. Elle y est ramenée en pleine crise Européenne par l'Angleterre. Le 22 juin 1841, lord William Russell, Ministre Anglais à Berlin, rappelle au gouvernement prussien, sur l'ordre de Palmerston, que la démolition des places fortes de Menin, Ath, Mons, Philippeville et Marienbourg, stipulée par la convention de 1831, n'a pas encore reçu son exécution. Lord Palmerston invite alors la Prusse à insister auprès du Cabinet de Bruxelles sur la prompte exécution des clauses du traité. Le Chargé d'affaires de Bavière à Berlin ne peut s'empêcher d'exprimer ce regret d'une pareille démarche : « On a été un peu surpris, que lord Palmerston ait choisi le moment actuel pour agiter une question qui ne manquera pas d'amener de nouvelles complications avec la France, où les affaires orientales réclament déjà toute l'attention des puissances et où, pour faire rentrer enfin le Cabinet français dans le concert Européen, il faut tout éviter qui puisse irriter ou blesser sa susceptibilité ; aussi le Cabinet de Berlin ne se prononcera pas sur cette question avant de s'être entendu avec les autres Cabinets et surtout avec celui de Vienne. »

Les sympathies intimes de la Prusse allaient, néanmoins plus aux autres puissances qu'à la France. Les faits qui précèdent ne laissent aucun doute à cet égard. C'est cependant l'heure où, de toutes parts, dans notre pays, s'affirment une fois de plus les tendances les plus favorables à la Prusse. Ecrivains, diplomates, hommes politiques, rivalisent, sauf quelques exceptions, d'ardeur dans leurs démonstrations envers la Germanie. Au commencement de mars 1840, Bresson, notre agent à Berlin, se persuade que le nouveau ministère français a été accueilli en Allemagne avec bienveillance. Le ministre Sarde dans la capitale prussienne tient un langage absolument opposé, et quatre mois après, les événements devaient lui donner raison. Le 23 septembre 1840, le comte di San Martino rapporte à son gouvernement les appréciations qu'il entend formuler à Berlin sur la crise Orientale (1) : « La France en sera pour ses menaces et ses bavar-

(1) Archives de Turin.

dages, pour avoir dépensé de fortes sommes et avoir acquis la conviction que les autres puissances ne la craignent pas au point de ne pouvoir faire leurs affaires sans sa coopération et son bon plaisir. » Comment Thiers, déjà illustre, pouvait-il affirmer énergiquement à la tribune de la Chambre des Députés que nous avions *mécontenté « le meilleur et le plus désintéressé de nos amis, la Prusse »* !

Les agents anglais récriminent contre la France. Lord W. Russell, l'agent anglais à Berlin, déclare devant ses collègues que « la *France n'a plus rien à faire dans la Méditerranée* (1). » Les diplomates Anglais à Munich et à Berlin, obéissant aux ordres de Palmerston, encouragent de leur action continue la forte poussée vers l'unité allemande qui se révèle aux yeux des observateurs les moins avertis. Ils la saluent de leurs vœux. De Gise, ministre bavarois des Affaires Etrangères, remercie lord Erskine, représentant anglais à Munich — de son actif concours dans cette marche à l'unité (2). Bien peu d'hommes d'état en Europe pensent alors que la Prusse puisse devenir un danger pour la paix.

(1) Archives de Turin.
(2) Record Office. Londres.

Les années 1848 et 1849 allaient faire apparaître plus ostensiblement le véritable but de la politique Prussienne.

La Prusse veut prendre la direction de l'Allemagne et en exclure l'Autriche. Le roi Frédéric Guillaume IV est hésitant, timoré, mais il a autour de lui toute une camarilla qui l'incite à se mettre en avant. Pour la première fois peut-être depuis 1825, on voit se dessiner franchement les visées de Berlin. Gustave Diezel, le Directeur d'un des plus grands journaux bavarois, semble désemparé : « Rien ne peut égaler l'étonnement avec lequel fut accueilli en Bavière et dans toute les parties de l'Allemagne, où règnent encore des sentiments d'honneur et de prudence, la nouvelle que le roi de Prusse avait pris en main les affaires allemandes. » (1) A mesure que les événements se précipitent, l'irritation croît à Munich et la Bavière, revenue de la faveur dont elle entourait Berlin, se retourne vers l'Autriche aussi menacée qu'elle !

Une fois de plus, Palmerston fait exprimer au Parlement de Francfort ses vœux pour l'unité allemande objet de sa prédilection (2). Lorsqu'au

(1) Dœberl. *Bayern und Deutschland.*
(2) Record Office. Londres.

mois d'octobre 1848, celui-ci s'enhardit contre l'Autriche, ne songeant à rien moins qu'à l'exclure de l'Allemagne, le ministre bavarois des Affaires Etrangères remettait au roi de Bavière cette supplique : « Pendant que l'Allemagne tend à l'unité, la Prusse veut profiter de la situation politique de l'Autriche pour exclure ce premier Etat allemand d'un cercle germanique plus restreint. D'après ce plan, la Prusse pèserait de tout son poids sur la moitié au moins des Etats fédéraux allemands. Votre Majesté comprend la signification d'un tel événement, le danger qui en résulterait nécessairement pour l'indépendance de la Bavière, danger qui la menaçait déjà en 1815 et qui ne fut écarté que par l'habileté des hommes d'Etat bavarois au congrès de Vienne » (1).

En Bavière tout entière, l'émotion est grande. Les Bavarois ne pensaient plus maintenant à s'affranchir, comme par le passé de la tutelle autrichienne. Les temps étaient bien changés !

Lorsque le Parlement de Francfort propose au roi de Prusse la dignité Impériale, le prince de Schwarzenberg, les larmes aux yeux, fait

(1) Dœberl. *Bayern und Deutschland.*

au comte Luxbourg, ministre bavarois à Vienne, cette déclaration : « *La Bavière peut maintenant s'abandonner à l'Autriche, comme à son ami le plus précieux.* »

Le 27 avril 1849, le roi de Prusse, mû par la crainte d'une intervention Russe, refuse la Couronne Impériale. Et, à cette heure même, l'*Union Centrale Bavaroise pour la monarchie constitutionnelle et la liberté religieuse* transmettait au roi cette adresse relative à la nouvelle constitution allemande (1) : La constitution du Reich fait de la petite Allemagne mutilée le plus faible et le plus petit de tous les Etats Européens ; elle découvre et désarme nos frontières ; elle arrache à la terre allemande celui de nos fleuves qui a le plus d'avenir, le Danube — ; elle lui prend les murailles protectrices de ses montagnes, la clef de ses défilés ; elle ferme au commerce allemand et à l'émigration allemande la porte de l'Orient ; elle nous sépare de l'Adriatique et nous barre la route de l'Italie. Du peuple frère autrichien, qui, depuis mille ans, a combattu et souffert avec honneur pour l'Allemagne, elle fait un second état Slave, prenant place

(1) Dœberl. Bayern und Deutschland.

après la Russie, et qui se transformerait bientôt d'allié fidèle en un voisin indifférent, puis en un concurrent hostile. »

On sait comment se termina cette crise, par la reculade de la Prusse à Olmutz et la victoire de l'Autriche. Le prince de Schwarzenberg fut le dernier homme d'Etat vraiment dirigeant en Autriche (1); après lui, l'attitude de cette dernière fut incertaine pendant la guerre de Crimée ce qui lui valut la haine de la Russie, la suspicion des puissances occidentales

Berlin en ressentit une joie maligne. Toutes les correspondances étrangères que j'ai eues en main font ressortir qu'au lendemain de la guerre de Crimée, la Prusse considérait déjà son triomphe final sur l'Autriche comme certain. L'attitude du parti conservateur prussien, qui disposait alors à Berlin d'une si grande influence, fut nette. Il avait certes des sympathies pour l'Angleterre. Stahl disait à la première Chambre le 25 avril 1854 (1) : « Mille liens nous unissent à l'Angle-

(1) Voir Revue *Volkssturm*, septembre 1922.
(2) Die Stellung der Preussichen Konservativen zùr aüsseren Politik Während des Krimkrieges, von H. Kunaü (Halle).

terre, liens de croyance, liens de race, liens de formation intellectuelle et d'intérêts commerciaux, même des liens politiques, tant que l'Angleterre restera *la vieille Angleterre* ». Mais pour les conservateurs prussiens, l'Angleterre n'était plus la vieille Angleterre. Stahl faisait sur elle de grandes réserves. D'après lui (1), la dernière époque glorieuse dans l'histoire d'Albion était celle de George III, lorsque le vieux royaume se dressa encore une fois et que Pitt et Burke menèrent la lutte pour l'ancien ordre de choses contre la France révolutionnaire ; cette même Angleterre avait une part de responsabilité dans l'incendie qui, en 1848, ruina les fondements de l'Europe.

En outre, elle abritait les fugitifs, les révolutionnaires et les conspirateurs de tous les pays. Tels étaient les griefs du parti conservateur prussien contre la Grande-Bretagne.

Quant à ses sentiments à l'égard de la Russie, Stahl et *la Gazette de la Croix* les reflètent les 25 avril et 8 septembre 1854, et ils n'ont pas lieu de nous surprendre : « C'est l'intérêt bien

(1) Die Stellung der Preussichen Konservativen zür aüsseren Politik Während des Krimkrieges, von H. Kunaü (Halle).

compris de la Prusse et de l'Allemagne que la puissance Russe reste intacte et que les rapports Russo-Allemands demeurent intangibles. Un affaiblissement de la Russie entraînerait la suprématie de la France à l'Ouest, à l'est la résurrection de la Pologne (1) ».

Toujours reparaît aussi dans les discours des conservateurs prussiens la haine de la famille de Napoléon Bonaparte (1).

Leur rancune est aussi vivace, leurs expressions aussi virulentes. C'est avec joie que la Prusse et la Russie avaient vu l'Autriche engagée dans la guerre de 1859. Depuis les événements de 1854, le Tsar et Gortschakoff portaient à l'Autriche une haine implacable. « Tout ce que j'ai vu depuis, a dû me confirmer dans cette opinion, mandait Bismarck au prince régent de Prusse, le 27 avril 1859 » et il rapportait cet entretien qu'on peut qualifier d'historique et qu'il venait d'avoir avec le Chancelier Russe (2) : « Qu'est l'Allemagne, si ce n'est la Prusse, avait avancé celui-ci. Déduction faite de la Prusse, il reste, d'un côté, l'Autriche avec cinq millions d'Alle-

(1) Heinrich Kunaü (Ouvrage cité).
(2) Die Politischen Briefe des Fürsten Bismarck aus Petersburg und Paris, von Raschdaü.

mands, des intérêts et des traditions en tous temps étrangers et souvent hostiles à l'Allemagne, de l'autre un agrégat de gouvernements disparates, dont l'existence ne serait pas tenable en dehors d'une confédération soutenue par cette Prusse même qu'ils détestent et qu'ils craignent... ; *avec l'Autriche, la Prusse se trouve dans une société léonine ».* Sur ces entrefaites, le Comte Karolyi, représentant autrichien, était arrivé à Pétersbourg. « On lui a fait un accueil glacial... Il s'est attaché à rallier le ministre Russe au « principe conservateur », défendu par l'Autriche contre la Sardaigne. Le prince Gortschakoff s'en est moqué comme d'un anachronisme, au sujet duquel on était bien désabusé aujourd'hui » (1).

Le roi Léopold I de Belgique était inquiet sur le sort futur de l'Autriche. Il s'en ouvrait à son gendre, après l'élévation de Bismarck au rang de premier ministre : « Ce choix est préoccupant au plus haut degré. Il y a de nombreuses années, je l'ai connu autrichien, mais maintenant il est l'ennemi mortel de l'Autriche. Où donc le bon roi Guillaume veut-il

(1) Raschdaü. Ouvrage cité. Bismarck au prince régent.

mener sa barque ? » (1). Reconnaissons à ce langage du roi des Belges sa perspicacité trois années à peine avant Sadowa.

Pendant l'Ambassade de Bismarck à Pétersbourg, il n'est pas d'attentions, de prévenances de toute sorte que la société Russe, l'Empereur Alexandre, le Chancelier n'aient eues pour lui. Parfois même, il en restait étonné. La Russie favorisait de tout son pouvoir l'unité allemande. La situation de la Prusse en Europe était vraiment enviable. Napoléon III lui-même ne se déclarait-il pas aussi partisan des agrandissements territoriaux que la Prusse projetait en Allemagne ? Ses conversations avec Goltz agent prussien à Paris, que j'ai relatées au cours d'une précédente lecture, ne laissent-elles pas une impression de stupeur, Nous subissions, une fois de plus, la fascination prussienne.

La politique française aurait dû se faire alors le soutien de l'Autriche en s'appuyant sur les Etats secondaires allemands. Ceux-ci en étaient bien revenus de leur solidarité avec Berlin. Est-il un témoignage plus probant en cette matière que celui de Treitsche, en juin 1861. Citons

(1) D' Egon Corti, Léopold I von Belgien.

ses paroles textuelles dans une lettre de Munich : « La haine contre la Prusse, à peine apaisée, s'est réveillée plus âprement que jamais... Et combien de fois les allemands du Sud ne reviennent-ils pas dans leur pays, fortifiés dans tous leurs préjugés... car la beauté du pays et des habitants dans le nord ne frappe pas la vue du voyageur qui parcourt rapidement le pays. Elle est en eux-mêmes, tandis que, dans le Sud, la richesse du pays et l'aspect avenant du peuple sourient à l'étranger... En un mot, la méfiance du sud contre le nord est forte, très forte... Il semblerait que deux siècles nous séparent de ces hommes du sud... L'observateur le plus bienveillant ne peut le nier. La Bavière est toujours la forte citadelle du particularisme (1) ». Quelques années auparavant, Schelling avait devancé Treitsche : « Je n'ai pu me résigner à voir dans l'Allemagne une monarchie stricte, et, dans les Allemands, un peuple, dans le sens étroit et exclusif du mot, comme le sont les Français. Les Allemands me paraissent bien plutôt destinés à devenir un *peuple de peuples*, à être vis-à-vis des autres comme une représentation de l'huma-

____

(1) Historische ûnd Politische Aufsätze.

nité. C'est ainsi seulement que je peux comprendre le cours mystérieux de l'histoire qui nous a obligés à attirer à nous des nationalités tout à fait étrangères, ou à les laisser subsister sur notre territoire (1) ». Napoléon III n'avait hélas ! pas compris cela ! La France devait être la victime de ses illusions.

Mᵐᵉ Chevandier, femme de l'ancien Ministre de l'Intérieur du Cabinet Ollivier, mentionne en 1866 sur le cahier de notes que j'ai cité plus haut : « J'entends tellement faire autour de moi l'éloge de l'Allemagne et de la Prusse en particulier, que je me crois parfois transplantée dans mon pays d'origine ». Reconnaissons ici la responsabilité que presque tous les régimes qui s'étaient succédé en France, depuis cent ans, avaient assumée dans la formation rapide de l'unité allemande. Le 4 avril 1866, Freytag écrivait à Jordan avec lequel il entretenait une correspondance suivie : « Bismarck veut la guerre. Les Etats secondaires et l'Autriche cherchent à empêcher la continuation des armements, en accep-

(1) Cité par Rossel dans son bel ouvrage sur Eugène Rambert.

tant ses plans de réforme. En vérité, c'est le meilleur moyen de maintenir la paix. On s'est efforcé à Berlin de renverser Bismarck et les Autrichiens ont fait, de leur côté, ce qu'ils ont pu par personnes interposées. Mais on n'y est pas arrivé. Pendant quelques jours, le roi a seulement été plus froid envers lui (1) ».

Bismarck avait voulu toutefois tenter auprès de l'Autriche une démarche suprême, pour pouvoir, sans doute, comme Ponce Pilate, se laver ensuite les mains. En mai 1866, il avait fait offrir à l'Empereur d'Autriche par Gablenz de se partager avec la Prusse la domination de l'Allemagne : « Je ne sais pas, disait le 13 juin 1890, Bismarck au Dr Friedjüng (2), si cette organisation aurait été définitive, pour assurer un statut durable à l'Allemagne... mais, néanmoins, je proposai à l'Autriche de nous tourner, en commun, contre la France, pour exiger la restitution de l'Alsace. L'Autriche refusa. »

Et comment l'Autriche fut-elle récompensée de ce refus par la France quelques semaines plus tard ? Par l'abstention.

(1) Gustav Freytag von Dr Hoffmann.
(2) *Menschheit*. 23 décembre 1922, d'après l'ouvrage du Dr Friedjüng.

Des milliers de lettres avaient été adressées, de toutes les parties de l'Allemagne, au roi de Prusse pour lui demander d'arrêter le premier ministre. Toutes ces correspondances considéraient la guerre contre l'Autriche comme inutile et nuisible (1). Les meilleurs historiens Allemands de l'époque n'ont pas rapporté que des lettres analogues avaient été adressées à l'Empereur d'Autriche. Bismarck fit miroiter aux yeux de von Pfordten, ministre Bavarois des Affaires Etrangères, dans une entrevue à Salzbourg, le 23 juillet 1865, la possibilité en cas d'alliance de la Bavière et de la Prusse contre l'Autriche et de défaite probable de cette dernière, de la constitution d'un grand Etat du Sud, dont Munich serait la tête, et qui eût aussi compris le Tyrol. Ces idées étaient séduisantes. Le Comte de Goltz les avait de son côté, exposées avec force au Comte Nigra, agent Italien à Paris (2). La Bavière méfiante refusa. C'est pourtant le plan qu'elle voulait reprendre à la fin de la guerre mondiale, lorsqu'elle s'attendait de la part de la France à des propositions d'extension de territoire. Si ce plan avait pu aboutir, les

(1) Revue *Volkssturm*, septembre 1922.
2) Hopf. *Das Jahr* 1866.

événements auraient-ils tourné, comme nous le savons ?

Lorsqu'après la bataille de Koniggratz, la victoire se dessina en faveur de la Prusse, les mêmes bourgeois, les mêmes commerçants, les mêmes industriels qui s'étaient unis quelques semaines auparavant pour demander avec insistance le maintien de la paix, firent volte-face et approuvèrent les faits tels qu'ils s'étaient passés !

La Prusse avait annexé quatre états secondaires Allemands. Six années auparavant, le roi Guillaume de Prusse, rassemblant à Baden-Baden les princes Allemands, leur faisait cette déclaration : « Je vais vous répéter encore une fois que je considère comme le premier devoir de la politique prussienne de maintenir l'état territorial actuel des princes Allemands... Rien ne pourra me détourner de cette tâche... Je placerai avant tout le souci du maintien de l'intégrité et de la conservation de l'Allemagne » (1).

A cette heure même, une voix prophétique s'élevait à Vienne. L'éditeur Trendler publiait une brochure intitulée : « L'Autriche, la Prusse

____

(1) *Hannover Landeszeitung*, juillet 1922.

et les annexions — Une voix du Hanovre », qui contenait ce passage : « L'organisation si vantée de l'armée prussienne est un malheur pour la Prusse et pour l'Europe. Il n'y a pas d'illusion à se faire : elle est parfaite jusque dans les moindres détails — ..... Malheur à l'Europe, si dorénavant le droit du plus fort doit être le seul droit valable, comme aux temps de Napoléon Ier. Cela donne aux peuples la triste perspective de guerres de conquête continuelles et sanglantes, contre lesquelles pourra seule nous protéger une Autriche redevenue forte et puissante et s'appuyant sur l'Allemagne anti-prussienne (1) ».

J'ignore si le service diplomatique français de l'époque a lu ces lignes, mais comment pouvait-on être alors assez aveugle à Paris pour ne pas comprendre le danger immense qui menaçait la France ! Ce danger est précisé par un des plus grands écrivains dont s'honore la Suisse Romande, Eugène Rambert. Le 16 juillet 1870 il note ce qui suit dans son *Journal d'un neutre* (2) : « La guerre est déclarée... Une chose est certaine... La France ne remportera pas la victoire, à moins de chefs

(1) *Menschheit*, 25 novembre 1922.
(2) *Eugène Rambert* par V. Rossel.

militaires supérieurs à ses chefs politiques. La France avait sur l'Allemagne un immense avantage, celui d'être un pays fait. Au lieu d'en profiter pour résoudre les problèmes de la liberté, elle a gaspillé ses forces dans des agitations violentes et stériles. Elle a été surtout malheureuse dans ses rapports avec l'Allemagne. Après avoir tout permis, elle s'est irritée de tout. La guerre devait sortir tôt ou tard d'une pareille situation. M. de Bismarck s'y est préparé de longue main. » Et plus loin cette remarque qui porte la date du 30 novembre 1870 : « La nouvelle Allemagne est faite... La Bavière n'a obtenu que de pauvres satisfactions d'amour propre... La Prusse s'annexe l'Allemagne et il faudra du temps pour que le génie de ce grand peuple échappe à l'étreinte qu'il subit aujourd'hui. » (1)

Le Times peu après, célébrait « sur le mode lyrique » la restauration de l'Empire d'Allemagne : « une grande puissance protestante au centre de l'Europe, sera désormais une barrière aux empiètements de la Russie et on pourra contracter avec elle une alliance plus solide qu'avec la France. » (2)

(1-2) *Eugène Rambert*, par V. Rossel.

Les rapports franco-anglais n'étaient pas alors ce qu'ils sont devenus depuis. L'Angleterre ne comprenait pas que son intérêt primordial devait la rapprocher de la France.

Quant à Rambert, il est inquiet sur le sort de la Suisse (1). « On peut tenir pour certain que dans un avenir plus ou moins éloigné, et par le seul développement des forces morales que nous voyons agir avec tant d'énergie, la question même de l'existence de la Suisse sera sérieusement agitée... J'ai vu nombre d'allemands en ma vie, du Nord, du Midi, de l'Est, de l'Ouest ; j'ai cherché les occasions de les mettre sur le chapitre de la Suisse et j'ai pu me convaincre que, pour la plupart d'entre eux, la confédération Suisse est une combinaison factice, qui n'aura plus de raison d'être en présence d'une grande Allemagne libérale » (2).

Ainsi, Rambert a mesuré les dangers qni menacent l'Europe. Il voit dans la centralisation Prussienne un des plus grands périls. Il supplie la Suisse de ne pas imiter l'Allemagne. Il ne veut pas qu'on revienne aux erreurs de 1847. Voilà la thèse « qu'il défendra jusqu'à

(1, 2) *Eugène Rambert* par V. Rossel.

« son dernier souffle, parce qu'elle s'inspire
« des leçons de l'histoire Suisse, des condi-
« tions mêmes de la paix civique et parce qu'il
« se sent une âme romande, une âme indivi-
« dualiste qui ne veut pas mourir (1) ».

Constantin Frantz, que la merveilleuse éru-
dition du professeur Fœrster a remis au premier plan, jetait, à son tour, un cri d'alarme.
Les événements de 1866 à 1870 l'avaient rempli
de terreur. Il ne s'était pas grisé, comme tant
d'Allemands, à la vision du triomphe ; avec un
courage qui lui fait honneur, il l'avait publiquement déploré. Il estimait en 1875 que la *petite
Allemagne centralisée, bien qu'elle regorgeât
d'hommes, se trouvait en présence d'un danger de guerre permanent.* Il n'hésitait pas à
prophétiser qu'elle marchait à une *effroyable
catastrophe* (2).

Quand, un peu plus tard, Constantin Frantz
publie son volume sur le *Fédéralisme,* que
les négociateurs des récents traités auraient
peut-être eu avantage à consulter, Richard Wagner, a le courage de le féliciter en ces termes :
Pour l'étude de votre ouvrage, on devrait

(1) *Eugène Rambert,* par V. Rossel.
(2) Voir *Zwei Menschenalter Deutscher Geschichte*
von D⁏ Heldmann (1920, Leipzich).

créer une chaire spéciale... Mais où en sommes-nous donc? Tout roule dans l'abîme de la démence (1).

Messieurs, ce n'est pas sans un sentiment de grande gratitude que je m'aperçois, à la fin de cette double communication, que je prends aujourd'hui la parole pour la septième fois, depuis 1916, dans cette enceinte, grâce aux appels qu'ont bien voulu m'adresser les éminents Secrétaires perpétuels de l'Académie. Permettez-moi de retenir encore deux ou trois minutes votre attention pour vous rapporter un épisode caractéristique de la mentalité allemande à la veille même de la guerre mondiale.

A l'automne de 1913, j'eus l'occasion de passer deux mois à Berlin. Après une longue séance d'archives, un des hommes qui marquaient alors dans la littérature allemande me proposa spontanément de l'accompagner dans la banlieue de la capitale et il me demanda dans quelle partie de la campagne berlinoise, je préférais que nous nous dirigions. Je lui désignai une petite localité située à l'ouest de Berlin et dont le sol avait été tout particu-

(1) Fœrster, *Centralismus oder Federalismus* (1920).

lièrement fécondé par des émigrés français après l'acte impolitique de la Révocation de l'Edit de Nantes que M. Georges Goyau lui-même qualifie de « maladresse, d'illusion, de cruauté suprême ».

Un grand homme d'Etat anglais a dit, non sans ironie, à la fin du dernier siècle, lors de la conclusion des conventions franco-anglaises sur l'Afrique, que le *coq gaulois saurait gratter le sable*. Là aussi, Messieurs, à 18 kilomètres de Berlin environ, le coq gaulois avait gratté le sable, mais il avait su en tirer, au milieu des obstacles qu'offrait la nature, un parti magnifique. Nous parvinmes devant un groupe de cabanes dont quelques unes se dissimulaient sous le feuillage — et mon compagnon de route me demanda laquelle de ces demeures je désirais visiter. Je lui en désignai une au hasard et nous y pénétrâmes aussitôt. Sept enfants ornaient ce foyer. Sur le mur qui faisait face à la porte d'entrée, se trouvait un grand tableau qui frappait immédiatement le regard. Ce tableau, Messieurs, n'était pas, comme ceux que j'avais pu admirer il y a quelque 20 ans, dans des huttes Japonaises, celui d'un ancêtre devant lequel, au pays du Soleil Levant, des cérémonies commémoratives ou des sacrifices expiatoires se pratiquaient périodiquement ; c'était — le portrait de la reine Louise et au-dessous, figurait cette inscription : *Enfants, souvenez-vous toujours de l'époque des anniversaires.*

Je compris alors pourquoi l'un des maîtres de la pensée allemande m'avait offert cette promenade aux environs de Berlin — à cette heure même où dans l'Allemagne entière, des *millions* de brochures — ce qu'on semblait ignorer en France — commémoraient la grande lutte qui, cent ans auparavant, avait marqué la libération de la Germanie.

Nous rentrâmes à Berlin en silence. — Je voyais cet homme s'abandonnant à de graves réflexions et comme étranger à ce qui se passait autour de lui. Et moi, je me remémorais cette déclaration qu'il m'avait faite deux jours auparavant, parlant de la dépopulation de la France et de notre alliance russe : que l'armature de l'empire des Czars n'était pas aussi solide qu'on se l'imaginait en France et qu'il serait relativement facile de la rompre. — Ne m'avait-il pas explicitement signifié enfin que l'Allemagne ne possédait pas assez de colonies pour le chiffre imposant de sa population et que la France en comptait trop.

Lorsque nous arrivâmes au seuil de la capitale Allemande qu'illuminaient déjà les feux du soir, il me quitta brusquement et, posant sur moi son regard chargé de pensées, il me jeta à la face ces paroles : « Je viens de vous faire visiter un modeste foyer allemand ; si vous parcouriez l'Allemagne, c'est dans des milliers de familles que vous retrouveriez le même spectacle ! »

LA QUESTION DE BAVIÈRE
PENDANT ET APRÈS
LA GUERRE MONDIALE

(15 février 1922).

Trois années se sont écoulées depuis le jour où les troupes alliées ont brisé l'assaut de la vague allemande. La situation politique et économique s'est aggravée. La France n'a pas recueilli les fruits de son effort surhumain pour sauver la civilisation et le monde entier. Elle est en butte à la mauvaise humeur de ses alliés, quoiqu'elle ait toujours cherché à se montrer modérée dans ses prétentions et équitable dans ses revendications.

Nous croyons que l'heure est venue de donner quelques renseignements sur le passé. Les séjours fréquents que nous avons faits à l'étranger, à la fin de la guerre et depuis l'armistice, nous ont permis de retrouver d'anciennes relations, de prendre connaissance de bien des documents, de scruter bien des pensées. A la demande qui nous est faite par de hautes personnalités, nous venons aujourd'hui communiquer au public nos impressions. Nous le ferons avec l'impartialité qui nous a toujours guidé et avec le seul souci de la vérité.

Ce n'est un secret pour aucun homme informé que la Bavière n'avait accepté qu'à contre cœur les faits qui résultèrent de la guerre de 1870. La situation spéciale qu'elle avait acquise, l'attachement profond qu'elle avait voué au fédéralisme, et qu'on peut faire remonter aux plus anciens temps, lui faisaient redouter une main mise plus complète de la Prusse, qu'au fond, elle n'aimait pas. La Bavière fut donc la dernière à accepter la création de l'empire, et si l'on voulait une preuve nouvelle des sentiments bavarois, on peut se reporter à cette dépêche significative du roi Louis II à Bismarck (1).

(1) Cité par Memminger. *Louis II, roi de Bavière* Documents allemands.

Hohenschwangau, le 2 Décembre 1870.

Mon Cher Comte,

« J'ai remarqué avec un plaisir sensible que, malgré des occupations nombreuses et absorbantes, vous avez néanmoins tenu à manifester vos sentiments à mon égard. Je vous en exprime mes plus chaleureux remerciements, car j'attache le plus grand prix aux sentiments d'un homme vers lequel l'Allemagne entière se tourne avec un orgueil joyeux. Je souhaite de tout cœur que ma proposition au roi et aux autres membres de la confédération, auxquels j'ai également écrit, rencontre dans toute la nation un assentiment complet, et je constate avec satisfaction que je dois à ma situation en Allemagne d'avoir pu aussi bien au début qu'à la fin de cette guerre, faire un pas décisif en faveur de la cause nationale. *Mais je souhaite fermement qu'à l'avenir la Bavière conserve sa situation*, puisqu'elle est parfaitement compatible avec une politique fédérale fidèle et sans arrière-pensée, et pare ainsi de la manière la plus sûre à une *centralisation dangereuse*.»

Le 24 Décembre 1870, Bismarck répondait de Versailles : « Votre Majesté dit, avec raison, que moi aussi je n'attends *aucun bien de la centralisation*, mais que je vois, au contraire, dans le maintien des droits que la constitution fédérale assure encore aux membres isolés de la confédération, la forme la plus convenable au développement de l'esprit allemand et en même temps, la garantie la plus sûre contre les dangers auxquels le droit et l'ordre peuvent être exposés dans le libre mouvement de la vie politique contemporaine ; mais que le rétablissement de la dignité impériale soit aujourd'hui fort désirable pour les intérêts conservateurs et monarchistes, est prouvé par l'attitude hostile que le parti républicain a prise à ce sujet dans toute l'Allemagne (1) ».

Il était difficile d'être plus net, et ce qui prouve à quel point les sentiments fédéralistes en Bavière étaient prononcés, c'est que le roi les affirmait encore en 1874, quatre années après la guerre. Le 31 juillet 1874, il s'exprimait, en effet, ainsi, dans une lettre de Bismarck : « J'ai pleine confiance en vous et je crois fermement, ainsi que vous l'avez dit à mon ministre von Pfretzschner, que vous emploierez votre influence politique pour que le principe

(1) Cité par Memminger, *Louis II roi de Bavière*. Documents allemands.

fédératif forme la base du nouvel ordre de choses en Allemagne. Que Dieu conserve encore de longues années votre vie si précieuse. Votre disparition, ainsi que celle du vénéré Empereur Guillaume, seraient un grand malheur pour l'Allemagne et la Bavière (1) ».

En 1877, le roi Louis revenait encore sur cette question qui lui tenait tant à cœur, dans une nouvelle lettre à Bismarck où, prophétiquement, il insinuait que *le salut et l'avenir allemands ne devaient pas être cherchés dans la centralisation* (2).

Les vues du roi Louis II furent partagées par son successeur. Dès que l'Empereur Guillaume II, pendant ces longues années de paix qui précédèrent la guerre mondiale, voulait faire mine d'exercer sur les États secondaires — et on sait que le désir ne lui en manquait pas — une action plus forte, le roi de Bavière se raidissait et de nombreuses frictions s'en suivaient. Elles furent particulièrement marquées de 1908 à 1914. Dans un article historique, consacré récemment au roi Louis III, la *Nouvelle Gazette de Zurich*, dont les informa-

(1) Cité par Memminger. *Louis II, roi de Bavière*. Documents allemands.
(2) Idem.

tions sont généralement précises, les caracté-
risait ainsi, après avoir rappelé l'intensité des
sentiments fédéralistes du roi défunt : « On
ne doit pas oublier qu'il avait, en 1866, fait
campagne contre la Prusse et qu'il y avait été
blessé. Plus tard, ses aspirations fédéralistes
se manifestèrent lors d'un incident à Moscou.
Avec un rare cynisme, le Consul général allemand avait salué le souverain comme le représentant de l'État, premier vassal de l'Empire allemand. La réponse de Louis avait été
plus que violente. Ses relations avec Berlin
étaient très froides. L'attitude de Guillaume
II était si opposée à sa nature qu'ils ne
furent jamais liés. Au cours de ses visites
sur le front, pendant la guerre mondiale, il
ne se rendit qu'en passant au quartier Impérial ».

En effet, dès le début de la lutte, les susceptibilités entre les souverains d'Allemagne et de
Bavière s'étaient accentuées à mesure que le
contrôle du gouvernement Impérial s'étendit
sur les Etats secondaires par suite des inéluc-
tables nécessités de l'heure où surgissait, au
premier plan, le problème agricole. Nous aurons à revenir sur ce point, dont l'importance
échappa aux alliés, puisqu'ils n'achetèrent pas

en 1916 la récolte Roumaine, ce qui aurait pu
mettre fin à la guerre (1).

Bornons-nous ici à affirmer qu'aussitôt que
le problème alimentaire commença à se poser
dans l'Empire, la résistance de la Bavière, le
grand état agricole de l'Allemagne par excellence, se manifesta avec violence, la population Bavaroise étant en partie dépossédée,
et il en résulta entre fonctionnaires Prussiens
et Bavarois des scènes parfois épiques.

La longueur inattendue de la guerre eut d'autres conséquences : elle permit peu à peu à la
Prusse, ainsi que nous le faisions remarquer
ci-dessus, de mettre la main sur les rouages
administratifs des États secondaires. Elle s'attira ainsi de profondes rancunes. Il fallait
entendre la manière dont tant de Bavarois,
tant de femmes de la haute société, s'exprimaient dès 1916 sur le compte de la Prusse.
Langage instructif à la vérité ! Un prince prus-

(1) Certains états neutres portent, une lourde responsabilité dans la prolongation de la guerre et de
l'effusion du sang par la continuité avec laquelle ils ont
ravitaillé l'Allemagne. Telle la Hollande. Or, si l'Allemagne eut triomphé, la Haye serait aujourd'hui une
annexe du Reich ! Est-ce donc ce que voulait la patrie
de tant d'illustres navigateurs et hommes d'état qui ont
porté si haut dans l'histoire le renom de la Hollande ?

sien disait alors : « Nous sommes plus sûrs du germanisme des Hongrois que de celui des Bavarois ». Et une dame Bavaroise de passage en Suisse : « Nous avons plus de haine pour les Prussiens que pour les Anglais».

A la suite de rixes incessantes entre soldats Prussiens et soldats Bavarois, le général prussien condamna 300 soldats bavarois et cent soldats prussiens à être fusillés. Le roi de Bavière écrivit alors à Guillaume II que, si cette sentence était exécutée, il rappellerait ses troupes du front. Sur cette menace, Guillaume II céda : on fusilla cent soldats de chaque pays. Un vif mécontentement se faisait d'ailleurs jour parmi les troupes Badoises, Wurtembergeoises et surtout Bavaroises, que l'on plaçait toujours en première ligne pour épargner les troupes Prussiennes.

A la même époque, des commentaires circulaient en Allemagne sur le fait que lors des premiers moments d'ivresse qui avaient suivi la bataille du Skagerrack, le roi de Bavière avait été à peu près le seul prince allemand qui n'eût pas félicité l'Empereur. On attribuait cette abstention non seulement au mécontentement provenant de la continuelle ingérence prussienne, mais aussi aux craintes qu'éprouvaient les catholiques allemands de la reprise du *Kulturkampf*, en cas de victoire prussienne, à tel point qu'au cours d'un déplacement en Suisse, le Cardinal Hartmann, archevêque de Cologne, s'écriait : « Nous en sommes arrivés fort malheureusement à redouter un *Kulturkampf* ».

Autant l'union entre catholiques et protestants en France était admirable et heureuse, autant les rivalités confessionnelles s'avivaient en Allemagne.

Pendant l'année 1916, des relations suivies s'étaient établies entre des chefs de groupes bavarois et austro-allemands, appartenant soit à des milieux catholiques agissants, soit à des cercles politiques qui n'étaient pas en rapports directs avec la Prusse et, en quelque sorte, indépendants de la représentation officielle bavaroise et austro-allemande à Berlin et à Vienne. Ceux-ci étaient moins inféodés aux milieux prussiens, car il y avait alors une distinction très nette à établir entre les chefs même du centre qui suivaient le gouvernement de Berlin et les autres groupements catholiques. C'est dans ces derniers seulement que se recrutaient les personnalités qui entrèrent en rapports avec les chefs de groupes austro-allemands. Dans les réunions qui se tinrent entre 1916 et 1918, on avait élaboré un programme complet d'action en prévision de la dislocation possible de la monarchie dualiste. Le cabinet de Berlin se préoccupait d'autant plus de ces tendances qu'il reconnaissait que l'opinion publique viennoise lui était de moins en moins favorable. Bethmann Hollweg se rendait, sur l'ordre de l'Empereur, à Munich au début de l'été, en 1916, pour traiter officiellement de la crise alimentaire et officieusement de l'action que le roi de Bavière était en mesure d'exercer dans le monde catholique allemand et autrichien. La discussion avait été aigre et le chancelier n'avait pas quitté Munich sans inquiétude.

La question d'Autriche revêtait de plus en plus un caractère alarmant.

L'esprit de la Cour s'était modifié depuis l'avènement de l'Empereur Charles. A l'automne de 1916, trois envoyés du premier ministre autrichien étaient arrivés à Berne et s'étaient mis en rapports avec une personnalité qui touchait de fort près à l'Ambassade de France, en vue d'amorcer des propositions de paix. Ils furent nettement éconduits. Les mêmes propositions se renouvelèrent au printemps et à l'automne de 1917 et eurent le même résultat. Ainsi, ce n'était pas seulement par l'entremise du prince Sixte de Bourbon que l'Empereur Charles cherchait à se mettre en contact avec la France. En Suisse il avait tenté des démarches analogues. Entrons ici dans quelques considérations. Les milieux français n'ont cessé de reprocher à l'Empereur d'Autriche son asservissement à l'Allemagne. Mais, en France, on ne montrait guère au souverain de la monarchie dualiste que des perspectives de démembrement de son empire, alors que l'Empereur Guillaume se bornait à le mettre en état de sujétion. Des deux alternatives, Charles préférait la seconde, et il ne pouvait guère rompre avec son puissant allié tant que l'Entente ne lui aurait pas promis son concours. Or, jamais ce concours n'a été promis, malgré les ouvertures continuelles faites par le souverain. Il est incontestable qu'une paix séparée faite avec l'Autriche, coupant les communications de l'Allemagne avec le Sud, l'aurait séparée de la Bulgarie et de la Turquie, entravé singulièrement ses moyens de ravitaillement, non seulement en denrées alimentaires, mais encore en matières premières, en cuivre, pour n'en citer qu'une, et la Germanie, menacée de toutes parts, eût été vite acculée à la paix.

Nous connaissions les dispositions de la France à l'égard de l'Autriche. Elles reposaient sur un sentiment compréhensible, car la monarchie dualiste, on ne saurait l'oublier, restait un des auteurs responsables de la guerre mondiale, d'un des cataclysmes les plus abominables que l'humanité ait connus. En outre, depuis 1879, l'Autriche-Hongrie était entrée dans une alliance contre la France et elle nous était foncièrement hostile. A la Cour de Vienne, les critiques, les quolibets pleuvaient sur nos gouvernements et nos ministres. Nous pourrions à cet égard citer des faits dont nous fûmes les témoins, sans compter ceux qu'un de nos anciens ambassadeurs en Autriche s'est plu à nous rapporter. Mais nous avions, de notre côté, commis la faute grave d'abandonner l'Autriche en 1866, en présence du courant anti-autrichien qui se manifestait, à Paris dans tant de milieux ! Véritable aberration, que démontra le désastre de 1870 !

D'autre part, l'Italie n'était guère entrée dans le conflit mondial que pour provoquer le démembrement de l'Empire des Habsbourg. On ne connaît peut-être pas assez la brusque et négative réponse du Ministre italien des

Affaires Etrangères, lorsqu'au printemps de 1917, les représentants des gouvernements français et anglais lui firent part, assez timidement d'ailleurs, des propositions de paix de l'Empereur Charles. On laissait alors entendre dans les milieux politiques italiens les plus qualifiés que l'acceptation de ces ouvertures pouvait entraîner la chute de la dynastie. Bien plus, on y disait ouvertement que si la France voulait faire avec l'Autriche une paix séparée, l'Italie se croirait en droit de réclamer la **Tunisie** !

Quelles clameurs en effet ne se seraient pas élevées en Italie, si on n'avait pas abattu l'Empire des Habsbourg, non seulement de la part des sociétés secrètes, mais encore du parti nationaliste, qui avaient imposé la guerre !

L'entrée en lice de l'Italie avait rendu aux alliés, et surtout à la France, un service immense. Si nous avions dû immobiliser pendant toute la guerre, quatre ou cinq cent mille hommes sur la frontière des Alpes pour contenir une Italie hostile, que serait-il advenu à la bataille de la Marne et sur les autres fronts ? Aussi conçoit-on la mauvaise humeur des Italiens lorsqu'ils virent leur Premier Ministre

éliminé du Conseil des Trois, à la Conférence
de la Paix.

En présence de ces faits, toute pensée de négociation avec l'Autriche devait être abandonnée, l'Entente ne pouvant venir à son secours que par le Sud, et il était impossible de
violer la neutralité Suisse. L'Empereur Charles
avait d'ailleurs à lutter non seulement contre
l'intransigeance prussienne mais aussi contre
les 8 millions d'Allemands irréductibles de son
Empire, et dix millions de Magyars qui ne
l'étaient pas moins. Les rapports entre ces
deux éléments ont été fort mauvais pendant
toute la guerre, les Autrichiens accablant les
Hongrois de griefs parmi lesquels celui de leur
refuser des denrées alimentaires, le problème
agricole n'étant pas moins grave à Vienne qu'à
Berlin.

L'Empereur Charles n'aurait donc pu mettre
à exécution son plan de paix séparée, sous
peine de provoquer en Autriche Allemande et
en Hongrie des désordres graves ? Telle est
l'opinion qui prévalait chez les neutres et chez
le professeur Fœrster, ce grand et courageux
lutteur, qui a droit à tous nos éloges pour l'attitude qu'il a prise en face du pangermanisme
et des Hohenzollern. Il écrit, un effet, dans

son volume, paru en 1920, sous ce titre : *Mon combat contre l'Allemagne militariste et impérialiste* : « Des membres particulièrement « autorisés de la Chambre des Seigneurs inci- « tèrent l'Empereur Charles à avoir avec moi « une conversation sur la question de principe « du problème des nationalités. Dans cet en- « tretien qui eut lieu au commencement de « juillet 1917, l'Empereur Charles montra une « claire compréhension du sujet. Il était prêt à « accorder aux peuples autrichiens la plus « large autonomie. Une telle organisation au- « rait, sans doute, produit sur l'Entente une « profonde impression et élargi les possibilités « d'une fédération pacifique des peuples de « l'Europe Sud-Orientale. Mais tout échoua de- « vant l'aveuglement des cercles allemands di- « rigeants d'Autriche qui, au printemps de « 1918, taxaient encore de traître Henri Lam⁻ « masch, le guide de la raison. L'Allemand était « comme abêti politiquement par le nationa- « lisme ; l'étroitesse nationaliste de son hori- « zon intellectuel l'avait rendu totalement inca- « pable d'envisager sainement les réalités de « la vie, de comprendre les faits et de prendre « enfin le seul chemin qui pouvait le mener au « salut. »

L'entrevue de l'Empereur Charles et du professeur Fœrster n'aboutit donc à aucun résultat sérieux, au grand désespoir de ce dernier qui, nous a-t-on rapporté, aurait, le cas échéant, accepté d'entrer, à Vienne, dans une combinaison ministérielle Lammasch destinée à mener à bien les projets généreux de l'Empereur Charles qui avait aussi songé à se faire couronner à Prague roi de Bohême, ou pour mieux dire, roi de l'ancien royaume triunitaire. Mais lorsqu'il émit cette idée devant une haute personnalité autrichienne, celle-ci s'était écriée : « Le jour, Sire, où vous annoncerez ce projet, trois cent mille allemands occuperont Prague le lendemain ».

L'appréciation que nous formulions plus haut : il eût fallu que l'Empereur Charles fût soutenu par l'Entente, sinon aucun de ses desseins n'avait la moindre chance d'aboutir, ainsi se justifie. — La situation restait inextricable. Et pourtant que d'humiliations, incessantes subissait l'Empereur Charles ! Peu avant la venue à Vienne du professeur Fœrster, Ludendorff et plusieurs généraux allemands du grand Etat-Major s'y étaient rendus. L'Empereur Charles avait eu avec eux une vive altercation au sujet de l'entrée en guerre des

Etats-Unis. Il soutenait qu'elle marquait une phase décisive de la guerre au détriment de l'Allemagne. Les généraux allemands s'obstinaient à soutenir le contraire. La discussion prit un tour de violence, et le soir de ce même jour, comme des paroles aigres s'échangeaient entre officiers allemands et autrichiens, les premiers lancèrent des insultes à la face des seconds, leur rappelant les cuisants souvenirs de Sadowa et de Koniggratz. Tout cela éclaire les rapports entre les deux Etats-Majors, l'un violent, outrecuidant, l'autre humilié et dévorant son humiliation, la rancune dans le cœur.

Certains journaux allemands n'étaient pourtant pas sans reconnaître le danger de pareils tiraillements. Au mois de mai 1917, la *Volkstimme* de Mannheim écrivait : « Les pangermanistes continuent leurs violentes attaques contre l'Autriche. C'est là une campagne dangereuse.

Peut-on imaginer un seul instant que le Cabinet de Vienne, fatigué un jour de ces attaques persistantes, se décide à signer avec les alliés une paix séparée ? Les conséquences de cette détermination seraient considérables à tous les points de vue. La Bulgarie et la Turquie, privées de communications avec l'Allemagne, seraient également forcées de conclure une paix séparée ; le front russe ainsi réduit des deux tiers, les forces anglaises et françaises d'Orient deviendraient libres et serreraient l'Allemagne dans un étau terrible. Est-ce là le but que poursuivent les pangermanistes ? »

En attendant, le symptôme d'hostilité de la Bavière contre la Prusse, se précisait. Le dernier volume du professeur Fœrster, interdit en Prusse : *La jeunesse allemande et la guerre mondiale*, avait, au contraire, été autorisé en Bavière. Fœrster lui-même faillit être arrêté plusieurs fois pendant la guerre, tant l'irritation de Guillaume II contre lui était vive et il ne dut son salut qu'à l'intervention personnelle du gouvernement Bavarois auprès duquel il jouissait de la plus vive estime.

Une brochure parue sous le pseudonyme d'Henri Sieger et sous les auspices de l'*Union des hommes du sud à Munich*, eut alors un grand retentissement. Elle annonçait la défaite allemande : « La Bavière, disait l'auteur, semble prédestinée à réaliser la nouvelle fusion des membres allemands séparés par la force (Autrichiens). Et d'ailleurs la communauté de la religion n'est certes pas un élément négligeable. »

On signalait, en outre, dans la grande revue catholique *Historich Politische Blatter*, dirigée par un des hommes les plus considérables de la Bavière, des articles en faveur du fédéralisme. L'un d'entre eux apparut comme particulièrement significatif. Comment, en effet, ne pas attacher d'importance à ces lignes dans lesquelles l'auteur préconisait avant tout le principe fédératif : « De notre côté, les tentatives de paix doivent partir de ce point de vue : guidés par la pensée profonde de nos responsabilités, songeons que si nous perdons l'occasion de bâtir de nouveau un *Mitteleuropa* fédéral, cette occasion sera peut-être perdue pour des centaines d'années. »

La fédération « centrale européenne » que rêvait l'auteur devait comprendre l'Autriche-Hongrie tout entière et comme troisième membre, une Pologne unie « qui était déjà autrefois en liens étroits avec l'Allemagne. »

Mais nous pensons, ajoutait-il, que dans cette grande fédération, il ne doit pas y avoir, comme aujourd'hui dans l'Empire allemand, un Etat dirigeant et une politique intérieure ou extérieure impérialiste... Nous rejetons et combattons un germanisme national, d'après les conceptions des pangermanistes ou des partisans fanatiques d'une école unitaire allemande uniforme. Il ne s'agit pas, en première ligne, de maintenir notre Etat national, mais, avant tout, une paix durable et que l'ancienne Europe ne disparaisse pas dans une mer de haine et de sang, de misère et de barbarie... Le dilemme est clair et grave : ou retour des Etats et des hommes d'Etat au Christ, au maître et organisateur de l'ancien Empire d'occident, ou continuation du combat d'anéantissement entre les nations, dont la puissance internationale financière peut seule retirer des fruits. »

Mêmes considérations dans un article paru en Suisse dans l'*Argauer Volksblatt* et dû à la plume d'un intellectuel espagnol qui avait longuement séjourné dans l'Allemagne du Sud. Plusieurs grands organes de la Suisse Romande, et notamment la *Gazette de Lausanne* reproduisirent ces lignes : « Le mécontentement semble s'accroître dans le Sud de l'Allemagne contre le gouvernement Impérial. De Munich part un mouvement se révélant dans la pétition, signée dans toute l'Allemagne, qui doit être présentée au souverain et a pour but de garantir les Etats confédérés contre les dangers qui les menacent. » Quels sont ces dangers ? L'auteur de l'article a interrogé sur ce sujet les hommes influents de Munich et de Stuttgart, et on lui a répondu sans ambages : « Le *centralisme* prussien. *Nous voulons plus d'indépendance.* » J'ai entendu moi-même à Munich le discours prononcé par le Comte Reventlow contre le gouvernement de l'Empire. Il a été accueilli avec enthousiasme, et le Comte a ensuite été reçu par le roi de Bavière et le Comte Hertling, et cela, malgré toutes les méchancetés que, dans sa harangue, il avait tout au moins suggérées contre les Hohenzollern.

On a jugé ensuite à propos de faire savoir officiellement de Munich aux journaux Berlinois que le roi et son ministre s'étaient bornés à attirer l'attention de Reventlow sur les dangers de la politique qu'il soutenait. Il n'est pourtant guère d'usage que des rois accordent des audiences amicales pour infliger un blâme et il est remarquable que le mouvement en faveur de la pétition soit intervenu immédiatement après cette audience ».

A mesure qu'approchait la fin de la guerre, la tension croissait entre Berlin et Munich. Les rixes entre soldats Bavarois et Prussiens avaient pris des proportions inquiétantes.

On savait, en effet, que la Bavière aurait désiré obtenir une extension de territoire, soit du côté de l'Autriche, soit du côté de la Prusse rhénane.

Pour calmer l'irritation de la Bavière encore accrue par les accaparements agricoles de Berlin, l'empereur Guillaume avait songé à offrir au roi Louis la presque totalité de l'Alsace-Lorraine, mais les pourparlers n'aboutirent pas. Nous pourrions multiplier les exemples, donner d'autres précisions.

A cette heure, la grande majorité des hommes politiques Bavarois s'attendait à recevoir des propositions concrètes de la France visant des agrandissements de territoire sur la rive gauche du Rhin et même au détriment du grand duché de Bade et du Wurtemberg. Les conversations que nous eûmes à Munich en 1920, ne nous permirent pas de douter de ce désir. La Bavière voulait former un grand état catholique opposé à la Prusse. Cette politique se conprenait. Elle répondait même à la tradition historique Française.

Le problème agricole passait aussi au premier plan dans les préoccupations des hommes d'Etat allemands et bavarois. Lorsque nous nous trouvâmes en Allemagne, en

1913, les spécialistes avouaient qu'en se plaçant uniquement sur le terrain alimentaire, l'Allemagne ne pouvait pas soutenir la guerre plus de 18 mois. La situation vraiment angoissante de l'Allemagne sur le terrain alimentaire fut révélée depuis lors par le professeur Fœrster, dont le témoignage est irrécusable : « Déjà en 1916, déclarait-il en septembre 1919, dans la *Freiheit,* on avait constaté une pénurie si menaçante de matières premières et de denrées alimentaires, *que la guerre semblait perdue pour nous.* Cette pénurie s'est tellement accentuée qu'il ne restait à nos adversaires que le choix entre notre chute ou l'atteinte la plus grave portée à nos possessions et à notre liberté ».

En janvier 1917, le directeur d'une grande Compagnie Norvégienne signalait que les émeutes éclataient partout en Allemagne, par suite des menaces de famine, et le souverain d'un État neutre disait à l'un de nos amis : « L'Entente a de la chance ; elle a fait bien des fautes et, dans deux ou trois mois, l'Allemagne sera sous le coup de la famine ». En fait, la situation se prolongea encore dix-huit à vingt mois, mais au prix de souffrances souvent intolérables.

L'Allemagne détenait plus de quinze cent mille prisonniers de guerre et en avait employé la majeure partie à la culture du sol et à l'utilisation des moindres parcelles de terrain disponibles.

Dès qu'arrivait un prisonnier de guerre qui avait la moindre connaissance agricole, on l'utilisait pour les semences, pour la récolte, pour le défrichement de nouveaux terrains, même dans les faubourgs des villes. Tout espace inoccupé était aussitôt mis en culture. Le travail agricole auquel la Germanie a dû se livrer à partir de 1917 est vraiment formidable !

La Prusse s'était tout naturellement jetée avec rapacité sur les ressources agricoles bavaroises. Le pays avait été littéralement pillé. Des protestations partaient de toutes les régions bavaroises. La presse entière, tant à Munich qu'en province, s'en était fait l'écho. La Pologne et la Bavière furent, pendant la guerre, en dehors même de la contrebande incessante, les véritables réservoirs de la Prusse affamée. Aussi, en Bavière, l'irritation parvenait à son comble et débordait lorsque survint l'armistice.

Au lendemain même de cet événement la

Gazette de Lausanne publiait cette correspondance : « Le spectateur de la révolution allemande ne peut pas ne pas être surpris de l'absence d'intérêt que l'Allemagne témoigne à l'égard de Berlin. Le désordre qui règne dans la capitale de l'Empire, les combats qui s'y livrent et l'issue de la lutte laissent indifférents même les ressortissants de la Prusse. Le Sud, l'Ouest, le Centre, l'ancienne Allemagne annexée ou domestiquée par les Hohenzollern à la Prusse tentaculaire, laissent les Berlinois s'arranger entre eux. De ce qui se passe à Berlin, a-t-on l'air de penser, il ne résultera ni bien, ni mal pour le pays. Cette indifférence prouve combien Berlin était un centre artificiel, un centre de force matérielle seulement et uniquement militaire. Malgré les apparences, malgré l'accès de folie des grandeurs, par l'unité, où le dernier des Hohenzollern avait jeté l'Allemagne, ce pays a conservé un vieux fond particulariste et qui surgit de nouveau au moment où la défaite dissipe son vertige et lui montre son rêve écroulé.

Il se manifeste aujourd'hui que les forces morales de la nation sont, en réalité, disséminées, sinon aux mêmes points, du moins à peu près autant qu'il y a trois ou quatre siècles : Francfort, Cologne, Dresde, Munich, Stuttgart, Darmstadt et quelques autres. Ce phénomène est digne d'attirer et de retenir l'attention des hommes d'Etat alliés. Ils auraient tort de le négliger et de ne pas régler, selon les déductions qu'il y a lieu d'en tirer, leur attitude à l'égard de l'Allemagne ».

Presqu'en même temps paraissait dans le *Journal de Genève*, sous la plume de M. Paul Seippel, l'éminent professeur au *Polytechnicum* de Zurich, l'un des hommes les mieux informés en Europe des choses d'Allemagne, un article dont nous détachons ce passage : « Les Allemands ne sont pas mûrs pour devenir des républicains. Mais on entrevoit aujourd'hui bien des possibilités auxquelles on n'aurait pas cru il y a trois mois... Des observateurs qui ont donné les preuves les plus convaincantes de leur perspicacité, pensent que l'Allemagne, par la force des choses, va au-devant d'une profonde transformation. Dans les milieux cultivés, on parle couramment d'un retour à un Empire germanique électif et pourvu d'institutions fédératives. Cette idée est accueillie avec un *enthousiasme particulier en Bavière, où l'exaspération contre la Prusse est à son comble*. Le Sud s'affranchira de la tutelle du Nord. La méthode prussienne a fait faillite. On n'en veut plus... Et, chose à peine croyable, le peuple allemand commence à mettre son espoir en la *France surtout*. Nous ne disons pas cela à la légère. Des témoignages significatifs et concordants ne nous permettent pas d'en douter. » On ne peut aller contre ces paroles de M. Seippel dont l'autorité a toujours été considérable. La *Münchner Post* émettait des réflexions identiques : « On voit dans la séparation le seul moyen de nous sauver de la détresse et de la mort. Quiconque aujourd'hui parcourt la campagne bavaroise et s'entretient avec des habitants appartenant aux classes les plus diverses de la population, constate qu'aucun jour ne se passe sans qu'il entende dire, lorsqu'on parle de la Prusse, qu'il eût mieux valu que nous ayons été battus en 1870, car ainsi l'amitié de la Prusse et la guerre de 1914, nous eussent été épargnées. Souvent également, on formule le désir que la Bavière soit abandonnée de la Prusse et obtienne de l'adversaire la facilité de former avec les territoires allemands d'Autriche un état dans lequel nous serions certains de pouvoir nous développer librement. »

L'*Augsburger Abendzeitung* proposait le morcellement en sept états des provinces prussiennes, déclarant que la renaissance d'une Allemagne libre était impossible tant que la Prusse conserverait l'hégémonie dans la confédération.

Ces divers témoignages indiquent quelle était alors l'intensité du mouvement fédéraliste, sinon particulariste.

En même temps, un vif mouvement antiprussien, dirigé surtout par le Centre, commençait à se dessiner en Prusse Rhénane. Il prenait une telle ampleur que la presse allemande s'en émouvait. Les élections Bavaroises venaient d'avoir lieu. Le Centre, qui avait pris le nom de Parti populaire Bavarois, obtenait plus de sièges que les autres partis, mais il ne retrouvait pas au Landtag la majorité absolue dont il jouissait jadis. Les socialistes majoritaires formaient le second groupe de la Diète. Trois seulement des partisans d'Eisner, le chef du gouvernement, furent élus et le *Journal de Genève* jugeait ainsi la politique Bavaroise : « La Bavière réclamera la suppression de la tyrannie prussienne et l'égalité de tous les Etats particuliers dans le sein d'une République fédérative ». C'était bien là, en effet, ce que nous avons pu constater nous-mêmes au cours d'un de nos déplacements à l'étranger. Ce qui indiquait les craintes qu'avait la Prusse sur la situation Bavaroise, c'est que le conseil municipal de Berlin ayant alors protesté contre le transfert de l'Assemblée Nationale à Weimar, le gouvernement d'Empire s'était empressé de publier ce message : « Ce n'est pas la crainte des Spartakistes qui a déterminé cette mesure. Le gouvernement a voulu donner à tout le peuple allemand la preuve que l'intérêt et les désirs des États particuliers n'ont pas et ne peuvent avoir une influence dominante et désavantageuse pour l'ensemble du pays. *Il faut aussi tenir compte de l'hostilité qui existe dans l'Allemagne du Sud contre la Prusse et Berlin.* Le gouvernement a voulu dissiper toute défiance avant les travaux de l'Assemblée Nationale, espérant, qu'ainsi Berlin retrouvera rapidement la place à laquelle il a droit de prétendre dans l'Empire ». Aucun doute n'était donc plus permis. Les plus hautes autorités du Reich exprimaient leurs craintes sur les dispositions de la Bavière. Comment l'Entente répondait-elle alors à cet indéniable mouvement dans l'Allemagne du Sud... ?

Peu après, la terreur éclatait à Munich et Eisner succombait sous les coups du parti pangermaniste qui le faisait assassiner. Un régime communiste s'implantait en Bavière pour quelques semaines, remplacé rapidement par un Ministère d'ordre et de conservation sociale. A Weimar, on accentuait les tendances unitaristes par le vote d'une constitution qui faisait des petits Etats de véritables vassaux. Comment ces graves événements étaient-ils accueillis par la majorité des Bavarois ? Par une véritable explosion de mécontentement. Pour la comprendre, reprenons toutes les manifestations de l'opinion publique. Déjà après le rétablissement de l'ordre à Munich par les troupes prussiennes, le commandant en chef des troupes Bavaroises, le général von Mohl, lançait cette proclamation : « Les troupes prussiennes ont droit à la reconnaissance de tout le peuple sans distinction de parti. *On a mené une campagne de calomnies contre la Prusse.* Il faut mettre fin à cette agitation par des moyens énergiques, principalement en arrêtant les personnes qui se sont fait remarquer par leurs propos contre la Prusse ».

Puis ce furent les protestations unanimes contre le projet Erzberger, ministre des finances du Reich, relativement à l'impôt d'Empire sur les revenus. La presse Bavaroise se montrait fort émue. La commission du Landtag s'était réunie d'urgence ; un grand nombre de députés témoignaient d'une irri_tation véhémente. Le député catholique Helld avait dit notamment : « Il ne faut se faire aucune illusion sur le sentiment du pays. *L'enthousiasme pour le Reich n'existe plus.* Nous crions : « N'allez pas plus loin dans cette voie ; autrement des événements déplorables se produiront ». Et le député Haberlein : « La Bavière est menacée à Weimar. L'unitarisme va toujours plus loin. Il faut que cela cesse ! ».

A Lausanne, M. Guerreau, chargé de Cours à l'Université, écrivait dans la *Gazette de Lausanne* : « Au lendemain de l'armistice, un vif mécontentement régnait dans tout l'Empire contre la Prusse. Une occupation judicieuse et savamment comprise du pays, un geste opportun et c'en était fait. La colère grondait en Bavière, la séparation était imminente ; au lieu d'encourager le mouvement, on préféra laisser assassiner Eisner.

A la veille de la paix, le même résultat pouvait encore être obtenu ; un journal socialiste français, peu suspect de germanophobie, l'*Hu-*

manité, publiait sous la signature de F. Caussy les commentaires suivants : « La plus grave de ces conditions nouvelles eût été la destruction de l'unité allemande, qui reste le but inavoué des diplomates français. Les *Müncher Neùeste Nachrichten* annonçaient que des pourparlers étaient en cours pour traiter avec les États du Sud d'une paix séparée après qu'on les aurait isolés du reste de l'Allemagne par l'occupation de la ligne du Mein. Déjà des tendances séparatistes se produisaient dans le Schleswig, à Hambourg, en Hanovre, en Wurtemberg. Le Ministre président de Saxe Gradnauer avouait que le danger de scission était aigu. L'Allemagne risquait de voir s'effondrer l'unité allemande au moment où celle-ci paraissait assurée par la disparition du particularisme dynastique ».

Quel aveu !

La Suisse s'était d'ailleurs montrée préoccupée, non seulement de la reconstitution de l'unité allemande, mais encore de la dislocation de l'Autriche. Nous pourrions, si la discrétion ne nous faisait un devoir de les taire, citer ici des faits qui prouveraient que l'annexion possible de l'Autriche-allemande à l'Allemagne, discutée dans les milieux politiques Suisses les plus élevés, y causait un véritable effroi, *car la Suisse eût alors été complètement encerclée par l'Allemagne.* Ces perspectives n'ont pas disparu et expliquent la réserve à laquelle la Suisse est tenue.

Le 29 décembre 1919, la *Münchner Post,* publiait en gros caractères, un article intitulé : *La Bavière française ou allemande,* (ce titre seul n'était-il pas toute une révélation), dans lequel elle exposait le profond mécontentement Bavarois et les considérations énoncées par la grande revue Bavaroise *Historish Politische Blatter :* « L'auteur, ajoutait-elle, lance la menace d'une demande de protection adressée à la France par la Bavière si l'Etat unitaire vient vraiment à prendre corps ».

A ce moment (15 décembre 1919) nous recevions d'un éminent professeur Bavarois une longue lettre où nous relevons ce passage : « Le fédéralisme fait en Bavière des progrès énormes. Puisse la France avoir aussi en Bavière une sage politique allemande ; une attitude particulièrement conciliante à l'égard du Palatinat serait un remède bien efficace en présence de l'agitation, car il faut vraiment comprendre l'agitation monarchiste en Bavière. Elle est, en réalité, dirigée contre la

Prusse : dans l'esprit Bavarois, la royauté a toujours été le symbole de l'autonomie Bavaroise ».

La Nouvelle Gazette de Zurich, publiait de son côté une conversation de son correspondant à Munich avec un des principaux hommes politiques, qui lui avait avoué : « Tout le peuple Bavarois et tous les groupements politiques pensent et sentent d'une manière fédéraliste. Ils ne détestent rien tant que la *Prusse qui ne pourra jamais être démocratisée*, ni converti à des idées pacifistes. Nous ne nous inclinerons pas plus longtemps devant la puissance prussienne. Nous demandons notre autonomie politique et nous l'obtiendrons, même s'il faut recourir à la force. Les partis sont unanimes à cet égard en Bavière ».

Le langage que tenaient, de leur côté, les principaux journaux Bavarois n'était que trop clair.

La *Volkszeitung* : « Le Prussien nous transperce le cœur... il le fait froidement et ce sont des Bavarois, des Allemands du sud, qui ont aiguisé le couteau ».

Le *Courrier de Bavière* : « Qui peut douter qu'en ce moment l'heure du destin de la Bavière n'ait sonné » ?

Le *Kampf*, sous le titre *los von Prussen* : « En Prusse, la révolution ne s'est pas présentée sous d'autres formes que sous la substitution de la bureaucratie des socialistes à la bureaucratie impériale, en Prusse, cet état de casernes, ce pays le plus esclave du monde, qui ne représente pas seulement un système politique despotique, mais encore la sujétion de notre civilisation moderne à un passé barbare, un reproche vivant pour la démocratie moderne... Contre cette Prusse, nous devons combattre de toutes nos forces ».

Le professeur Fœrster dans la *National Zeitung* de Bâle : « Le salut de l'Allemagne et la sûreté de l'Europe contre une nouvelle politique prussienne de conquêtes ne peuvent reposer que sur le fédéralisme ».

Les *Historich Politische Blätter* de Munich signalaient que la parité n'avait jamais existé en Allemagne entre catholiques et protestants dans les fonctions publiques. Et, citant des preuves accablantes, elles terminaient ainsi : « Si la justice est vraiment le fondement d'un Etat, alors la Prusse a beaucoup de bien à faire dans un avenir prochain à sa population catholique. La politique d'exclusion pratiquée jusqu'ici a amené une grande amertume et la grande injustice résultant du traitement inégal appliqué aux catholiques ne peut plus rester une des méthodes de l'administration prussienne ».

Seulement, il eût fallu que la Bavière rencontrât du côté des alliés une aide, une protection.....

Au cours de l'année 1920, un appel avait été lancé dans le monde entier en faveur des milliers d'étudiants Bavarois atteints de tuberculose et de lymphatisme par suite de l'insuffisance d'alimentation.

La France devait certes porter, en première ligne, ses regards sur les dévastations atroces commises par les Allemands sur son sol. Mais n'aurait-il pas été politique de donner, en cette occasion, un témoignage de sympathie à la jeunesse Bavaroise ?

*
* *

La Prusse commençait à s'émouvoir sérieusement des protestations qui s'élevaient en Bavière. Cette inquiétude perça notamment au mois d'avril 1920 dans un violent article du baron Lersner. D'autres suivirent. Une réunion des potentats de l'industrie allemande eut lieu à Berlin pour examiner la situation. On décida d'exercer dans toute l'Allemagne du Sud une active propagande en vue d'enrayer les progrès redoutables du fédéralisme. L'attaque fut aussi prompte que décisive. Environ 80 journaux passèrent aussitôt entre les mains des grands industriels allemands, par voie d'achat direct ou de rachat d'actions.

Lorsqu'au mois de septembre 1920, nous nous rendîmes à Munich, nous trouvâmes, par rapport à la période qui suivit l'armistice, un changement complet. Il était presque impossible de se procurer un journal français et, lorsque, par chance, on en obtenait un, le prix des journaux était de 1 mark 75 par numéro. Une campagne acharnée contre la France, contre M. Poincaré, contre nos hommes d'Etat s'exerçait quotidiennement dans la plupart des grands organes de la presse Bavaroise. La vérité historique était systématiquement dénaturée. Sur cent Bavarois, quatre-vingt-dix-neuf étaient entièrement convaincus que la responsabilité de la déclaration de guerre pesait tout entière sur la France seule. Les Anglais et les Italiens étaient innocentés. En face de cette campagne, la propagande française n'existait pas.

Un professeur Bavarois de nos amis nous écrivait alors : « L'horloge marque 11 heures 55. La France ne pourra jamais assez prendre au sérieux le danger de la propagande centraliste prussienne en Bavière, mais il est aussi de la plus extrême urgence que les hommes d'Etat français parlent au peuple allemand trompé systématiquement et précipité aux pires éventualités par une presse à la solde de la Prusse. Il est en même temps nécessaire de donner à l'Allemagne du Sud quelques marques d'intérêt pour combattre une propagande prussienne éhontée ».

L'opinion fédéraliste représentait pourtant en Bavière la majorité au *Landtag* qui comptait 77 fédéralistes. Les autres partis à la Diète n'étaient pas, en principe, hostiles au fédéralisme. Ils avaient dans leurs rangs des fédéralistes convaincus, mais qui, par crainte de la Prusse, et dans l'incertitude des temps, ne prenaient pas ouvertement parti. Les *Historische Politisch Blatter* faisaient alors remarquer que le Centre (et elles entendaient par là les principaux chefs dont beaucoup ne représentaient pas exactement l'opinion de la masse) traversait une grosse crise. « Le centre s'est prononcé pour la gauche et il est tombé dans une crise sérieuse dont nous apercevons à peine le début. Oui, cette politique de gauche n'a pas satisfait les masses ouvrières. D'ailleurs, le Centre traverserait aussi une crise s'il s'orientait définitivement à droite ».

Ces lignes ne dépeignent-elles pas une situation, en éclaircissant bien des points obscurs ? Le correspondant du *Temps* à Munich constatait alors que, par crainte du bolchevisme, « on entrevoyait le désir d'une aide des alliés à l'Allemagne du Sud, du plus proche et du plus fort des alliés continentaux. Naguère, un Bavarois de marque, un officier supérieur, rappelait les souvenirs communs du temps où la France et la Bavière étaient en union politique et militaire ». Cette appréciation revêt, dans un organe aussi considéré que le *Temps* une valeur immense.

Le parti nationaliste populaire allemand déployait pour l'accomplissement de ses desseins une activité extraordinaire. Il possédait des filiales dans 7.184 districts.

Plus de 22 millions de circulaires de propagande avaient été distribuées en 1919. Le parti possédait aussi des comités de femmes au nombre de 1.062, qui avaient distribué la même année 600 mille imprimés (1). Ces chiffres sont impressionnants et témoignent de la force d'action du nationalisme allemand. Que lui opposait l'Entente ?

Les manifestations contre l'esprit prussien restaient d'ailleurs fréquentes.

A la fin de novembre 1920, le Dr G. Heim, bien connu en Bavière, faisait contre la Prusse un véritable réquisitoire. « La centralisation, s'écriait-il devant une énorme assistance, a le grand désavantage qu'elle manque de vues profondes : elle est responsable de la décadence de l'activité individuelle, elle effectue tout sur le même modèle. Voilà le danger du centralisme. Ce que l'étranger craint, ce n'est pas l'Allemagne, c'est bien la Prusse. Est-ce que la Prusse est l'Allemagne (2) ? »

Nous pourrions multiplier les citations analogues. « N'est-il pas vrai, écrivaient à la même époque les *Historisch Politische Blatter*, que l'esprit qui règne actuellement en Allemagne doit nous pousser de plus en plus profondément dans le précipice ? Et qu'en conséquence, il est du devoir de chaque allemand qui aime

(1) Cité par la *Münchner Angsbûrger Abendzeitung* (octobre 1920).
(2) Cité par la *Volkswirtchaftliche Beilage*.

sa patrie de retenir éloigné de lui cet esprit de destruction...

A Berlin, la physionomie du nouveau Reich se précise. Dans les nouveaux cimetières, c'est à peine si l'on rencontre une croix; les promeneurs passent en ricanant devant la *Gedächtnis Kirche*; l'esprit public est dominé par le matérialisme le plus affiché. Nulle part, on ne rencontre un regard tourné vers l'idéal... » Le matérialisme! C'était bien en effet, la caractéristique de la plupart de ces régions prussiennes que nous traversâmes récemment, et où éclatait la fièvre du plaisir pendant que le *Reich* se déclarait insolvable!

Au mois de janvier 1921, nous reçûmes cette lettre d'un personnage Bavarois : « Tout le bruit pangermaniste en Bavière ne doit pas être mis au compte du peuple bavarois, mais à celui de la propagande prussienne et personne ne pourra délivrer la Bavière de la prison prussienne si ce n'est la France... Je crois que le rétablissement d'une monarchie Bavaroise constituerait la meilleure protection contre la Prusse. Les monarchistes bavarois ne sont nullement hostiles à la France, pour la plupart, parce qu'ils représentent les anciennes traditions historiques de la Bavière... Les Prussiens le savent très bien et c'est pourquoi ils lancent aussi à l'étranger toutes sortes d'excitations contre les monarchistes Bavarois et prônent la République démocratique allemande. Je ne saurais trop mettre les Français en garde de la manière la plus énergique contre la République démocratique Centrale de Berlin. *La démocratie n'est qu'une pure façade.* Elle n'a aucune force et n'en aura jamais aussi longtemps que le prussianisme la tiendra en mains. Aussitôt que celui-ci aura passé entre les mains d'une majorité énergique, financièrement puissante et militariste, il abattra cette démocratie. » Ces paroles recevaient leur confirmation dans cette correspondance adressée de Munich en mai 1921 à *La Nouvelle Gazette de Zurich* : « La haine contre la France a trouvé un terrain favorable parce que l'Angleterre a eu l'habileté de laisser toujours plus à la France la charge de l'occupation. Néanmoins la grande majorité du peuple bavarois souhaite une collaboration avec la France sous une forme quelconque. » La sympathie que tant d'hommes politiques anglais et principalement M. Lloyd Georges portent à la Prusse nous est expliquée par

M. Edmond Rossier, le très distingué professeur à Lausanne, en termes excellents, dans une de ses chroniques récentes du *Journal de Genève* : « Dans sa première enfance, M. Lloyd Georges écoutait son père adoptif signaler les victoires de la Prusse protestante sur la France catholique, comme l'exécution de la volonté du Très-Haut. Une fois sa carrière politique commencée, il s'est à maintes reprises porté garant des bonnes intentions de l'Empire germanique. Plus tard, en des jours tragiques, il a modifié ses idées : le Dieu allemand lui est devenu suspect : il a combattu le Kaiser. Mais s'il s'est retourné contre les grands, il a toujours gardé comme une faveur instinctive au menu peuple ; il s'est plu à le considérer d'abord comme égaré et à le déclarer ensuite repenti. Les Français qui ont d'autres impressions, apprécient peu cette bienveillance, mais ils n'y changeront rien. »

La politique prussienne, tenace dans son exécution, pleine de duplicité dans ses moyens, appuyée par tant de ressources financières, est parvenue à terroriser la Bavière et à exploiter les arguments ci-dessus énoncés. Le Centre catholique allemand, en collaboration avec les socialistes, est bien à un tournant décisif, ainsi que le remarque justement le baron de Luninck, dans une brochure parue à Munich, à la fin de 1920. Il fait entre la politique de l'ancien Centre et du Centre actuel (entendons par là les principaux chefs), cette comparaison qui n'est pas précisément à l'avantage de ce dernier : « Nos explications précédentes, ont prouvé que la politique actuelle du Centre, n'est plus sur les points essentiels en harmonie avec les bases fondamentales, les traditions et l'esprit de l'ancien Centre. Une grande partie des électeurs n'est nullement disposée à accepter sans réserve cette nouvelle orientation. La méfiance, la mauvaise volonté, le mécontentement se manifestent parmi les couches qui étaient autrefois les plus fermes soutiens de l'ancien Centre. Beaucoup ont tourné le dos à ce parti. La majorité est dans l'attente.

Elle demande de la direction du parti une attitude claire et nette sur la question de savoir si l'orientation à gauche doit être considérée comme quelque chose de définitif, de fondamental, ou bien s'il n'est pas possible de poursuivre la réalisation de l'idéal de l'ancien Centre dans le sein du nouveau parti populaire démocrate chrétien. D'après la décision adoptée, on prendra position pour ou contre le Centre actuel. Mais la situation présente par laquelle des fractions très importantes du peuple catholique ont été entraînées, par un soi-disant attachement à l'ancien nom glorieux, et par une marche sous la bannière du catholicisme, à une politique qui est en opposition flagrante avec leurs principes, est devenue maintenant insupportable. »

Et si nous ajoutons qu'entre journaux catholiques et protestants, les frictions sont fréquentes, nous pourrons avoir une idée exacte du désordre des esprits. Ces frictions n'existent pas seulement entre journaux de confessions différentes. Les *Historish Politische Blatter* faisaient, en septembre dernier, cette remarque attristée « que les catholiques eux-mêmes étaient exposés dans la presse du Centre inféodée au parti nationaliste allemand, à de *véritables injures* et qui n'épargnaient *même pas les prêtres catholiques*. »

Quoi qu'il en soit, la campagne d'excitations violentes contre la France a produit en Bavière des effets déplorables. La presse à la solde des pangermanistes a fait son œuvre. Dans cette appréciation du correspondant à Munich de la *Gazette de Lausanne*, au mois d'octobre

1921, subsiste une large part de vérité : « La Bavière, en 1918, était prête à se rapprocher de la France. Le moment psychologique a été manqué. Des journaux tels que les *Miesbacher Anzeiger*, l'organe des agrariens, les *Münchner Neuèste Nachrichten*, l'organe de Stinnes, ne négligent rien pour jeter de l'huile sur le feu et entretenir l'exaspération populaire. Les moindres défaillances, les plus petits illogismes de la politique française, le plus insignifiant des différends entre la France et les alliés sont exploités sans trêve, ni répit. »

Oui, le moment psychologique a été manqué. Retenons cet aveu précieux dans l'un des organes les plus écoutés de la Suisse romande !

Pourtant, les points de friction entre la Bavière et la Prusse subsistent. Ouvrons les journaux bavarois qui conservent encore un reste d'indépendance. Dans le domaine de l'administration, de la justice, des finances, ils ne cessent de s'élever contre la tyrannie prussienne. Dans le domaine agricole, l'une des questions les plus épineuses actuellement, leurs plaintes sont plus vives encore. Le chef lui-même du gouvernement bavarois ne s'écriait-il pas récemment : « Le peuple allemand tout entier tourne aujourd'hui anxieusement ses regards vers l'agriculture. Elle a une signification extraordinaire ; en un moment où nous ne sommes pas encore sortis des difficultés de la guerre et de l'après-guerre et où des difficultés plus grandes encore nous menacent, il est de première importance que l'Etat puisse s'appuyer sur un élément qui trouve sa base dans le sol et qu'il protège, s'il veut subsister, les éléments conservateurs (1). »

C'est ce problème agricole qui peut, pour l'instant du moins, empêcher le rattachement de l'Autriche allemande à la Bavière incapable de nourrir encore une population de 6 millions d'habitants. D'ailleurs, dans beaucoup de cercles autrichiens et tyroliens, on constate pour l'annexion à *la Prusse* une tiédeur marquée. Le côté confessionnel n'est certes pas étranger à ce sentiment. Le rattachement à la Bavière serait peut-être envisagé avec plus de faveur, mais le second Etat du Reich comporterait alors une population de 15 millions d'habitants. Comment la ravitailler quand il est déjà, de tous côtés, pressuré par la Prusse ?

En attendant, les éléments monarchistes

(1) Cité par le *Courrier de Bavière.*

gagnent chaque jour du terrain. Hier encore, la revue bavaroise *Hochland* le signalait. Le prince Rupprecht jouit en Bavière d'une immense popularité. Beaucoup de personnalités qui avaient passé dans le camp de Ludendorff, s'en détachent pour revenir à Rupprecht. Celui-ci a réprouvé ouvertement les dévastations du Nord et de l'Est de la France. Le texte même de sa proclamation au lendemain de la mort du roi Louis, n'a pas dû provoquer à Berlin de la joie. « Mon père vénéré, y lisait-on, *a bu le calice de la douleur jusqu'à la lie.* Non seulement il a vu détruire l'œuvre de sa vie uniquement dirigée vers le bien du pays, mais il a dû encore, à sa plus grande douleur, après l'effondrement de l'Empire allemand, dans un moment de désordre et d'aberration, accepter, pour maintenir l'existence de l'Etat bavarois, le sacrifice de droits essentiels et indiscutables. Entré aujourd'hui en possession des droits de mon père et en fidèle aveu à ma patrie bavaroise allemande, je suis obligé d'établir ces faits ; je le dois à la tradition de ma maison, à l'histoire, à l'avenir ». En lançant cette proclamation, le prince Rupprecht infligeait un démenti formel à la *Gazette de Francfort* qui affirmait qu'il avait renoncé aux droits de souveraineté de sa Maison. « La révolution socialiste et la République *unitaire*, disaient récemment les « *Historish Politische Blatter* », sont devenues la ruine de l'Allemagne. Un temps viendra où les couches populaires qui tiennent encore à la Social démocratie reconnaîtront que pour la Bavière et l'Allemagne, la seule forme de gouvernement efficace est la monarchie ».

De telles, appréciations ne sont pas celles de dociles serviteurs du *Reich* et de la Prusse.

M. Alexandre Millerand, avec sa profonde connaissance des hommes et des choses, nommait en 1920, un ministre à Munich. Son geste opportun et politique n'a été suivi ni par l'Angleterre ni par l'Italie. Une fois de plus, les alliés n'ont pas secondé la France contre laquelle une campagne acharnée se poursuit dans toute l'Allemagne sous le couvert des pangermanistes. La désunion entre les alliés a servi mieux que tout le reste les plans des nationalistes, et favorisé l'unification du Reich. Est-ce donc pour ce résultat que 1800 mille français sont morts, que 1200 mille ont été mutilés, que des milliers d'hommes parmi nos alliés sont tombés sur les champs de batailles ?

Au lendemain même de l'armistice, le Baron

Soden, un des hommes politiques bavarois les plus fins, les plus fédéralistes dans le sens étendu du mot, avait déjà écrit dans la « *National Zeitung* » de Bâle : « Si l'on veut paralyser efficacement la politique pleine de dangers de la Prusse, je ne connais qu'un moyen : la constitution d'une forte opposition anti-prussienne dans le Sud et l'Ouest du *Reich*... Une seule chose peut nous sauver : le morcellement de la Prusse, qui servira de point de départ à un nouveau et véritable fédéralisme allemand ».

A cette époque, certains ont été tentés de sourire de ces lignes. Jamais, elles n'apparurent plus judicieuses et plus fondées que le jour où l'on a enfin compris où nous menait la reconstitution de l'unité allemande !

TABLE DES MATIÈRES

Vues de l'Autriche sur Belgrade dès 1719 ; — Projet grec de Catherine II ; — La Question de Bosnie et de Serbie : 1807 et 1820 ; — La Hongrie, et Sadowa ; Annexion par l'Autriche des provinces bosniaques en 1908 ; Négociations entre Sofia et Vienne pour un partage de la Serbie ; — Appréciation d'un diplomate autrichien en 1914 sur le mouvement slaviste ; — Jugement du vice-président de la chambre Autrichienne sur ce même sujet ; — Désaccords entre Vienne et Berlin pendant la guerre mondiale ; — Rapprochement austro-bavarois ; — Méfiance de la Hongrie envers l'Autriche : — L'Allemagne humilie l'Autriche ; — Thèses en présence sur le problème de l'Europe Centrale ; — Attitude du professeur Fœrster ; — Ses campagnes en Allemagne pour le fédéralisme ; — La Suisse devant le conflit mondial.

Les relations politiques russo-allemandes du XIXe Siècle au XXe siècle (9 mars 1918). . . . 41

Rapports russo-prussiens pendant la guerre de sept ans et les années qui suivirent ; — Mémoire d'un agent français : 4 juillet 1774 ; — Dépêche du citoyen Caillard, 2 pluviôse an V, — Dépêche de Parandier, agent français à Berlin ; — L'Espionnage en Allemagne ; — Rapprochement de la Prusse et de la Russie à partir de 1808 ; — Convention du Tauroggen ; — Rapports de la Restauration et du gouvernement prussien ; — Dépêches du Goltz. — Cordialité des rapports russo-prussiens à la fin de la Restauration ; — La révolution de juillet unit toutes les cours continentales contre la France ; — Saint-Pétersbourg et Berlin devant la question de Pologne ; — L'hostilité du Czar contre la Catholicisme tend à le rapprocher de Berlin ; — Sympathies de Napoléon III pour la Prusse ; — Jugement de l'historien Hillebrand sur la France ; — Rupture entre Napoléon III et le Tzar à la suite des évènements de Pologne en 1863 ; — Appréciation du Tzar sur l'empereur Napoléon III ; — Le duc de Weimar à l'exposition de 1867 ; — Notes de Madame Chevardier de Valdrôme à la veille de la guerre de 1870 ; — Le Tzar confère l'ordre de Saint-Georges au roi de Prusse ; — L'abstention de la Russie en 1870 facilite la victoire prussienne ; — Susceptibilités de la Russie à l'égard de la Pologne après la guerre du 1870; — Congrès de Berlin ; — La Russie en sort irritée contre l'Allemagne ; — Réflexions de M. Wertheimer à cette occasion ; — Attitude de l'Allemagne pendant la guerre Russo-Japonaise de 1894 ; — Contraste entre l'état d'esprit russe et l'esprit japonais pendant cette guerre ; — L'Empereur Guillaume incite les russes à développer leurs entreprises en Extrême-Orient ; — Conséquences de la guerre Russo-Japonaise au point de vue européen ; — La Question d'Orient ; — Entrevues fréquentes des souverains russe et allemand, notamment en 1905 à Bjorkœ ; — Le chemin du fer de Bagdad et l'Allemagne. — Refroidissement de la Russie et de l'Allemagne au commencement de 1914. — Etat d'esprit russe pendant la guerre mondiale ; — Jugements du prince Lichnowsky et du professeur Hänsch sur les rapports russo-allemands et la Pologne ; — Extraits d'une brochure publiée en Suisse par M. Wladimir Gettlich.

Brochure du docteur Goetz sur l'ancienneté des relations commerciales russo allemandes ; — Discours du baron Marschall au Reichstag en 1894, pendant la discussion d'un traité de commerce russo-allemand ; exposé de ce traité ; Appréciation de M. Hammann sur les raisons de l'intervention de l'Allemagne aux côtés de la Russie et de la France en 1895 dans le conflit russo-Japonais ; — Traité de commerce Russo Allemand de 1904 ; — Développement des relations commerciales russo-allemandes de 1904 à 1914 ; — Mécontentement en Russie sur le traité de 1904 ; Congrès des exportateurs à Kieff en 1914 ; — Des commissions s'organisent en Russie en vue de la révision du traité de 1904 : Cette question se lie à celle de la venue des ouvriers agricoles russes en Prusse ; — Le professeur Conrad expose ses vues à ce sujet ; — Le problème agricole allemand avant et pendant la guerre mondiale ; — Insuffisance du blocus commercial de l'Allemagne par les alliés ; — Note saisie à Bucarest à l'agence

La question polonaise au XVIIIe siècle. — La Pologne et le problème agricole allemand ; — Politique à double face de l'Autriche ; — Etudes présentées à la Convention par Chassériaux et Parandier ; — Lettre de Marie-Thérèse à son fils au lendemain du premier partage de la Pologne ; — Rapport de Bonneau ; — La Pologne et la révolution de juillet ; — Lettre d'Appony à Metternieh ; — Conversations de Metternich avec notre agent à Vienne ; — Irritation de la Russie contre la France à propos de la Pologne ; — Lettre du comte Rossi au gouvernement Sarde ; — Animosité du Czar contre les catholiques de Pologne et contre la Belgique qui avait admis quelques polonais dans son armée ; — Sympathie de Napoléon III pour la Pologne ; — Ses conversations avec le Czar à l'exposition de 1867 ; — La Pologne et la Prusse au lendemain de la guerre de 1870 ; — Exposés de Otto Hammann sur la politique de Bismark à l'égard de

la Pologne en 1883 et en 1892 ; — Tiraillements entre Vienne et Berlinpendant la guerre mondiale à
l'occasion de la question polonaise ; — Ravitaillement de la Prusse par la Pologne pendant la
guerre ; — Mémoire de la chambre de commerce
du district d'Oppeln.

Le premier évêque russe au xe siècle est allemand ; — Rapprochement de la Russie et de la
France sous la Restauration ; — La révolution de
juillet nous brouille avec la Russie ; — Les agents
austro-hongrois à Pétersbourg jugent sévèrement
la situation intérieure de la Russie entre 1830 et
1840 ; — Un membre de l'Institut de France, Mercier, avait porté le même jugement le 14 pluviôse,
an VII ; — Gogol et *les Ames Mortes* ; — Irritation
de la Russie contre la France pendant la crise de
1840 ; — La Prusse hostile également à notre
égard ; rapport du comte Lerchenfeld ; — Le tzar
fait des vœux publics pour l'unité allemande ; —
Cordialité du 'gouvernement russe pour la Prusse
pendant l'ambassade de Bismarck à Saint-Pétersbourg ; — Instructions de Gortschakoff au comte
Lambert, gouverneur de la Pologne ; — La Russie
et la Prusse après la guerre de 1870 ; — Les traités
de réassurance russo-allemands de 1881 et 1887 ; —
Guillaume écrit au Tzar au sujet de la Pologne, le
26 avril 1895 ; — La Russie et la guerre Russo-Japonaise ; — Guillaume II attire l'attention du Tzar le
24 août 1905 sur la gravité de la situation intérieure de la Russie ; — La Russie et la Victoire de
la Marne ; — Seul le fédéralisme peut aider à la
reconstitution de la Russie ; — Le député allemand

Lensch se prononce dans un volume, publié en 1918,
pour la reconstitution d'une *Russie unitaire,*

et les traités de 1815 ; — Mémoire secret rédigé en
1822 par Eichhorn contre l'Autriche ; — Conversations de Goltz, agent prussien à Paris, avec des
Maréchaux de Napoléon au début de la Restauration ; — Services rendus à la Russie par la Prusse
au traité d'Andrinople ; — Le duc de Mortemart
et le Tzar ; — Rapprochement des Etats secondaires avec la Prusse au début de 1830 ; — Emotion suscitée en Europe par la révolution de
juillet ; — Le rapprochement de la Prusse et des
Etats secondaires s'accentue ; — Lettres des agents
bavarois à Berlin au roi de Bavière ; — Les rapports de la Belgique avec la Prusse de 1830 à 1840 ;
— Susceptibilités du Cabinet de Berlin dans les
affaires belges ; — La signification politique du Zollverein ; — Préparation militaire de la Prusse dès
1840 ; — L'unité allemande s'accentue ; — La démolition des places fortes de Belgique et l'Angleterre ; — L'évolution de la politique prussienne
en 1848 et 1849 ; — Emotion de l'Autriche et de la
Bavière devant les projets prussiens ; — Reculade
de la Prusse à Olmutz ; — La guerre de Crimée et
les sympathies prussiennes pour la Russie ; —
Attitude du parti conservateur prussien à l'égard
de l'Angleterre et de la Russie ; — Guerre austro-
italienne de 1859 : la Prusse et la Russie la voient
de bon œil ; — Le tzar incite le roi de Prusse à
prendre la direction de l'Allemagne ; — Inquiétude
du roi des Belges sur le sort futur de l'Autriche ;
— Appréciation de Treistschke sur l'état d'esprit
en Bavière en 1861 ; — La guerre de 1866 et les visées prussiennes ; — Brochure publiée à Vienne
démasquant les ambitions prussiennes ; — La
guerre de 1870 et les notes d'Eugène Rambert sur
l'impérialisme prussien ; — Cris d'alarme de Constantin Frantz et de Richard Wagner ; — Etat d'esprit prussien à la veille de la guerre mondiale.

Saint-Amand (Cher). — Imprimerie Bussière.

ERRATUM

—

Page 9 (dernière ligne), *au lieu de* eue, *lire* eu.
Page 37 (ligne 7), *au lieu de* avait, *lire* avaient.
Pages 47 et 89, *au lieu de* Allemage, *lire* Allemagne.
Page 131 (ligne 15), *au lieu de* contribuer, *lire* contribué.
Page 287 (table), *au lieu de* 1807 et 1820, *lire* 1807 et 1829.